JN066106

交流まちづくり

サステイナブルな地域をつくる新しい観光

流まちづくり

国土総合研究機構観光まちづくり研究会 編

上田裕之	小野崎研郎	猪股亮平	荒ひかり	谷彩音	三上恒生
今場雅規	林明希人	今泉ひかり	江花典彦	奥川良介	岡村幸二
副田俊吾	山田泰司	植村真雄	中嶋紀世生	藤本穣彦	

学芸出版社

目次

4章　インフラツーリズム　115
土木構造物を活用したエリアマネジメント

5章　サステイナブルツーリズム　149
最先端の環境政策が注目を集める

6章 アグリツーリズム

農業と連携した多様な事業が交流を生む

7章 最も美しい村運動

地域の自立を目指すコミュニティツーリズム

■本書で紹介する地域

ニセコエリア (北海道) ▷ 2-2

八幡平市 (岩手県) ▷ 2-4

八ッ場ダム (群馬県) ▷ 4-2

飯豊町 (山形県) ▷ 7-2

北信地域 (長野県) ▷ 6-2

川内村 (福島県) ▷ 6-3

神山町 (徳島県) ▷ 3-3

尾道市 (広島県) ▷ 3-2

古河公方公園 (茨城県) ▷ 4-4

日本橋川 (東京都) ▷ 4-3

橿原市今井町 (奈良県) ▷ 3-4

上勝町 (徳島県) ▷ 5-2

しまなみ海道 (広島県・愛媛県) ▷ 2-3

5-2　北九州市 (福岡県) ▷ 5-3

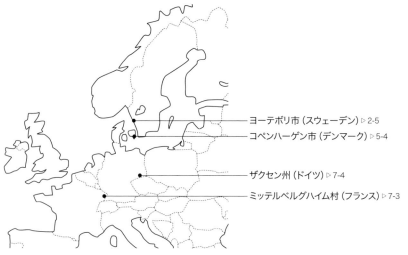

ヨーテボリ市 (スウェーデン) ▷ 2-5

コペンハーゲン市 (デンマーク) ▷ 5-4

ザクセン州 (ドイツ) ▷ 7-4

ミッテルベルグハイム村 (フランス) ▷ 7-3

1章

交流まちづくりとは

交流まちづくりとは

　本書のタイトルにある「交流まちづくり」は、筆者らの造語である。

　「交流人口」という言葉は広く認知されているが、「交流まちづくり」という言葉は耳慣れない概念だと思う。辞書（デジタル大辞泉）によれば、「交流」とは、「互いに行き来すること。特に、異なる地域・組織・系統の人々が行き来すること。また、その間でさまざまな物事のやりとりが行われること」とある。私たちは、この「交流」という活動を軸に「持続可能なまちづくり」を行うことを「交流まちづくり」と呼ぶことにした。

　近年、大半の自治体で人口が減少傾向にあるなか、交流人口を増やす取り組みが進められている。また、インバウンド（訪日外国客）の誘致に力を入れている自治体も多いが、一過性のブームに対応したものや、地域の特色を十分に活かしきれていない事例も散見される。その一方で、観光客が来訪してもその状況が地域全体のまちづくりに活かされていない事例も見られ、観光客による交通渋滞やゴミのポイ捨て、騒音等の発生が地域住民の生活を脅かす「オーバーツーリズム」問題に対しても懸念が広がっている。

　対して、地域の持続可能性に着目し、生活の中に観光をうまく取り入れ、住民と観光客がまさしく「交流」し、地域が活性化している事例も存在する。

　本書で扱う「交流」には大きく二つのタイプがある（図1）。

　一つ目は「内」と「外」の交流である。

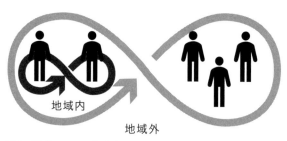

図1　「交流」の二つのタイプ（出典：真子誠司氏作成）

図2　本書で扱う「交流」の種類（出典：真子誠司氏作成）

　異なる土地、異なる背景を持った人々が、互いの土地を訪れることを通じて交流し、学びあい、気づきを得ることで、地域づくりへ進展させ、またそのモチベーションを高めることができる。

　二つ目は「内」（地域内）の交流である。

　地域の特性を活かした交流を推進し、それをまちづくりに活かしていくためには、これまで接点の少なかった「地域産業の担い手同士」や「高齢者と若者」「古くからの住民と新規住民」等が交流していくことが求められる。

　さらに、本書で扱う「交流」は、一般的にイメージされる観光のみならず、視察・研修・業務などを目的とする短中期滞在も含んでおり、紹介する事例は、地域が持つ資源を活かし、地域が主体的に活動していることを基準として選出したものである（図2）。

　地域資源には自然景観、文化、産業、人などさまざまなものがあるが、私たちが着目するのは、次の三つの地域資源である。

　①地域の生活に根づいた地域資源

　②他の地域と比較して特徴のある地域資源

　③これからの世界、日本の方向性（SDGs、ポストコロナなど）に合致した形で活用可能な地域資源

以上のように交流にはさまざまなタイプがあるが、そうした交流が育まれてきた原点には、「ご縁」を大事にする「お互いさま」の精神があるのでないだろうか。

　そうした「お互いさま」の精神が、日本各地で地域特有の風習（道普請などの集落の決まりごと、祭り、季節行事、冠婚葬祭など）を生み出し、引き継がれてきた。

　一方、江戸時代以降、庶民の間でお伊勢さん（伊勢神宮）や富士山に行くことが一生に一度のイベントになり、「旅は道連れ、世は情け」という言葉の通り、道中でさまざまな出会い、すなわち「交流」が生まれ、そうした旅先での交流によって各地で「もてなし」の精神が育まれたのではないだろうか。

　現代においても、リピーターを引きつける地域には、こうした「お互いさま」と「もてなし」の精神が息づき、それが交流まちづくりを促進するきっかけとなっているのではないだろうか。

本書で紹介する交流まちづくりの事例

　本書では、地域の持続可能性を見据え、地域資源を活用した観光を取り入れながら住民と観光客がまさに「交流」し、地域の活性化に取り組んでいる事例を、六つのテーマに分けて各章ごとに紹介していく（表1）。

　なお、取り上げる事例については、成功した取り組みだけでなく、失敗した取り組みにも触れつつ、その試行錯誤のプロセス、現時点での課題、今後の対応策等についても可能な限り紹介している。

ポストコロナ期のまちづくり

　本書の出版が決まったのは2019年12月のことで、まだ新型コロナウイルス感染症が世間を騒がせていない頃だった。

　その後、パンデミックが発生し、新たな生活様式が求められるなか、パン

表 1　本書で紹介する交流まちづくりの事例の概要

章	テーマ	紹介事例	概要
2 章	スポーツツーリズム	ニセコエリア（北海道） しまなみ海道（広島県・愛媛県） 八幡平市（岩手県） ヨーテボリ市（スウェーデン）	健康づくりへの関心の高まりを受け、地域の歴史や環境を背景としてスポーツをきっかけに交流を活性化させている4事例を取り上げ、地域の新たな可能性を引き出すこととなった契機、地域住民の受容や反発、取り組みの影響や効果、今後の展開などについて紹介する
3 章	空き家活用から交流を生む	尾道市（広島県） 神山町（徳島県） 橿原市今井町（奈良県）	近年、都市部、地方を問わず、空き家等の「遊休不動産」が増加しており、放置された遊休不動産が地域にさまざまな悪影響を及ぼしている。そうした地域内の遊休不動産を地域資源として活用し、若い事業者が集まる仕掛けを展開している3事例を紹介する
4 章	インフラツーリズム	八ッ場ダム（群馬県） 日本橋川（東京都） 古河公方公園（茨城県）	近年、普段立ち入ることのできないダムや橋などのインフラの内部を見学させるなどの多様なツーリズムが実施されており、周辺観光資源などとの連携による地域活性化への期待が高まっている。そうしたインフラに着目したツーリズムを行っている3事例を紹介する
5 章	サステイナブルツーリズム	上勝町（徳島県） 北九州市（福岡県） コペンハーゲン市（デンマーク）	「環境問題」に対して、先駆的にそれを克服するとともに、「環境先進都市」を目指すまちづくりを積極的に行うことで交流人口を獲得している3事例を紹介する
6 章	アグリツーリズム	北信地域（長野県） 川内村（福島県）	地域特有の一次産業をベースに地域経済の成長を目指しながら交流人口の増大を図る取り組みが増えている。なかには、東日本大震災からの復興の中で果敢にチャレンジしている村も存在する。このような取り組みとして2事例を紹介する
7 章	最も美しい村運動	飯豊町（山形県） ミッテルベルグハイム村（フランス） ザクセン州の最も美しい村（ドイツ）	日本はもとより世界各地で、将来にわたって美しい村を維持発展させ、そこに暮らし続けることを願う人々がまちづくりを進めている。そうした村々が連携して進めている国際的な活動を紹介した上で、個別の美しい村の取り組みを3事例紹介する

デミック以前の事例をまとめた本を出すことに意味があるのか自問自答することとなった。

　しかしながら、本書で提案している「交流」を手段とした「持続可能なまちづくり」は、ウィズコロナの時代であっても、さらに言えばポストコロナの時代にこそ効果を発揮するものであると考え、企画を進めることにした。

　近年盛んに議論されているオーバーツーリズムを引き起こすような観光客と地元住民との間に見られる対立構造は、私たちが提案する「交流まちづくり」では起こりにくいはずである。また、地域資源を疲弊させるような「環境容量」を超えた開発や観光客増も、交流まちづくりではやってはならないことと捉えている。

　つまり、地域のキャパシティの中で、地域資源を活かし、「交流人口」と「定住人口」の双方が「交流」を手段として良好な関係になることが、私たちの提案する「持続可能なまちづくり」であり、ポストコロナ期に目指すべきまちづくりの姿ではないかと考える。

　本書をきっかけに「交流まちづくり」への関心が高まり、読者の皆様の活動で活用いただければ幸いである。

（上田裕之）

2章

スポーツツーリズム

自然×アクティビティの
価値創出が人を呼ぶ

2-1

スポーツツーリズムとは

国内のスポーツツーリズムの動向

　2011 年に国土交通省が「スポーツツーリズム推進基本方針」を取りまとめ、そこには「スポーツで旅を楽しむ国・ニッポン」と副題が記された。これは 2006 年に制定された観光立国推進基本法を受けて策定されたもので、「観光連携コンソーシアム」において「スポーツ＋観光」がテーマの一つとして取り上げられたことがきっかけとなっている。

　もっとも、スポーツを目的とした旅行は、古くから日本各地で行われてきた。近年のスポーツの定義では「登山」もスポーツに含まれるが、日本最初の山岳会は 1905 年に設立され、スキーは 1911 年に新潟県上越市で始まったという記録が残されている。登山やスキーをしにいくことをスポーツツーリズムと捉えるならば、20 世紀初頭からそれは始まっていたことになる。

　その後、1980 〜 90 年代にかけては、家の近くでなく、遠方まで出かけるスポーツとして、スキーやテニスなどが一大ブームとなった。

衰退の一途を辿る国内のスキー観光

　国内のスキーブームは 1961 年に始まったと言われ、1972 年の札幌オリンピックで加速した。その後、1987 年に制定された総合保養地域整備法（通称：リゾート法）に基づき、全国 42 地域で大規模リゾート地の開発が進み、

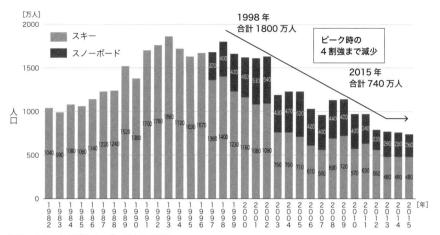

図1　スキーおよびスノーボード人口の推移
（出典：観光庁「『スノーリゾート地域の活性化に向けた検討会』最終報告（案）参考資料」（2017年）をもとに筆者作成）

スキー場も多数整備されたことで、スキー人口はさらに急増した。その推移を見てみると、1982年に1000万人だったスキー人口は、ピーク時の1998年には1800万人と、20年足らずでほぼ倍増している（図1）。

　しかしながら、大規模なリゾート開発は、バブルの終焉とともに、自然環境破壊・地方財政の圧迫・大企業偏重といった問題が露呈したことで、事業者の経営破綻が相次ぎ、跡地の処分・処理が社会課題として残されることとなった。

　同時にスキー人口も激減し、近年はピーク時の4割程度にまで落ち込んだ。全国のスキー場の数も、約770カ所から500カ所程度にまで減少している。

　ブームの最盛期には、スキー場のリフトの乗車に1〜2時間並ぶことが常態化していたが、現在は混雑することなくスキーヤーは快適に滑走できるようになった一方で、スキー客目当ての宿泊施設などは廃業や業態変更を余儀なくされている。

近年のスポーツ実施状況とスポーツツーリズム

　一方、日本人のスポーツ実施率を見てみると、図2に示すように着実に増

加してきている。その内訳を見ると、ランニングやジョギング、ウォーキング、自転車、ヨガやピラティスなど個人で行う種目が増えていることがわかる。

　このうち、ヨガやピラティスは、旅先での美容・健康づくりのメニューの一つとして取り入れられたりもしているが、それ自体が観光の主目的とはなっていない。

　一方、近年、行政主導により全国各地で地域活性化を目的とした「マラソン大会」が開催されるようになり、人気のある大会には遠方からも多数の人が参加し、数千〜数万人規模の大会も見られる。こうしたマラソン大会は年に一度開催されるもので、通年で人を呼び込む催しではないが、地域の知名度の向上や関係人口の増加、これに派生して地域住民のアイデンティティの向上に寄与している。しかし、なかには、人気が低迷し、参加者が集まらず、運営側の負担が過大になり、廃止された大会もある。

　また、自転車観光により地域活性化に取り組む地域も増えている。自転車の場合には、大会を目玉にしている地域もある一方で、観光の足として自転車を活用したり、自転車で楽しく走れる環境を整備することで、通年の集客につなげている地域もある。

図2　週1回以上スポーツを行う成人の実施率の推移
(出典：スポーツ庁「令和2年度 スポーツの実施状況等に関する世論調査」をもとに筆者作成)

スポーツツーリズムの三つのタイプ

　このようにスポーツツーリズムの動向を見ていくと、以下の三つのタイプに分けることができ、各地の取り組みはこの組み合わせになっている。

①「する」か「観る」：スキーやマラソンなどスポーツをする人が集まるものと、オリンピックやワールドカップなど多くの観客が集まるもの

②「イベント」か「ルーチン」：マラソン大会のように一時的な催し物に人が集まるものと、スキーやゴルフなど年間あるいは一定期間を通して人が集まるもの

③「環境型」か「施設型」：トレイルランニングや釣りなどその土地の自然環境等を活用するものと、サッカーやテニスなどスポーツのために整備した施設を利用するもの

　これまで「観る」スポーツ観光は、いわゆる大規模な大会などのイベント型が主であったが、近年、スポーツ庁が推進しているスタジアム・アリーナ改革などで取り上げられるものは、定期的に一定数行われるプロスポーツリーグなどを対象としている。

スポーツツーリズムの要素と質の関係

　旅行の主要な要素として「アゴ」「アシ」「マクラ」と「サービス」や「非日常性の演出」などが挙げられるが、これをスポーツツーリズムに当てはめると、「アシ」は交通手段・移動手段、「マクラ」は宿泊先で、その他の観光と同様に利便性や快適性が求められる。食にあたる「アゴ」は、他の観光旅行と必ずしも同様ではないが、当然ながら確保されなければならない。また、「サービス」や「非日常性の演出」については、スポーツそのものがこれに当たる。

　これらの要素の一つもしくは複数の水準が低くなると、観光の質が低下し、人気がなくなり、人が集まらなくなる。例えば、「環境型」のスポーツでは、参加者数や利用者数が増えすぎると「スポーツをする場の品質」が低下し、

人気は減少する。

　また、「施設型」のスポーツでは、参加者数が施設の容量に制限されるため、参加者数を増やすためには施設を増設する必要があり、整備費と維持管理費の財政負担が増大する。

スポーツツーリズムの地域への効果と影響

　スポーツツーリズムが地域にもたらす効果は、経済的効果に加えてスポーツを振興する効果も併せ持つ。例えば、大規模なスポーツイベント等を実施するために施設が整備され、そこで子どもたちがトップ選手のプレイを間近に見ることで憧れを持ち、スポーツを始めたり、熱心に取り組むようになったりすることもある。スポーツイベントの開催期間中のみに限定される経済効果とは異なる、このような次世代につながる効果を、オリンピックでは「レガシー」と称し、オリンピック開催の重要な要素と位置づけている。

　一方、スポーツツーリズムによる地域への影響としては、交通渋滞、混雑、騒音、ゴミのポイ捨てなどの発生が懸念される。2002 年の日韓ワールドカップの際には、「フーリガンが暴れるのではないか」といった偏見や誤解が広がった。多くは、イベント等で短期間に多数の人が集まることで発生する問題だが、かつて湘南海岸で日常的に訪れるマリンスポーツ愛好家によるゴミのポイ捨てなどが社会問題となったケースもある。

本章で紹介するスポーツツーリズム

　本章では、①北海道ニセコエリアのスキー観光、②広島県および愛媛県のしまなみ海道の自転車観光、③岩手県八幡平市のトレイルランニング、④スウェーデン・ヨーテボリ市の国際ユースサッカー大会の四つの事例を取り上げ、スポーツそのものの価値、スポーツツーリズムをどのように運営してきたか、スポーツツーリズムによる交流をどのように生み出してきたかを概観する。

（小野崎研郎）

ニセコエリア（北海道）
国際的リゾート地のエリアマネジメント

ニセコエリアの概要

ニセコエリア

　ニセコエリアは、北海道のニセコ山系周辺の倶知安町、ニセコ町、蘭越町、共和町、岩内町の五つの町が連なる広大なエリアである。北海道後志総合振興局の管内に位置しており、標高1308mのニセコアンヌプリを擁するニセコ山系、日本百名山の一つに数えられ「蝦夷富士」とも呼ばれる羊蹄山

図1　羊蹄山を望むニセコエリアのスキー場（提供：東急リゾーツ＆ステイ株式会社）

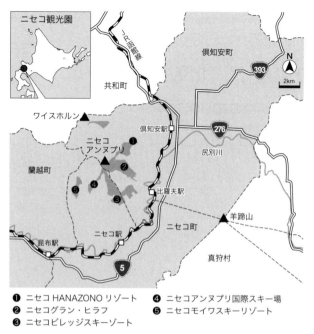

図2　ニセコ観光圏と各スキー場の位置

① ニセコ HANAZONO リゾート　④ ニセコアンヌプリ国際スキー場
② ニセコグラン・ヒラフ　　　⑤ ニセコモイワスキーリゾート
③ ニセコビレッジスキーゾート

などの山々に囲まれ、中央には日本一の清流である尻別川が流れるなど、自然豊かなエリアでもある。また、2014年には、蘭越町、ニセコ町、倶知安町の3町を区域として、ニセコ観光圏（図2）を形成しており、観光圏の将来像や基本方針、基本戦略をまとめたニセコ観光圏整備計画を策定している。

　このエリアでは、夏季はラフティングやキャニオニング、カヤックといった体験型アウトドアスポーツ、冬季は世界に誇る良好な雪質を楽しめるウィンタースポーツ、インドア体験が充実しており、国内のみならず国外からも多くの観光客が訪れる。また、多様な泉質を有する温泉が多数分布しており、個性的なホテルやペンション、コンドミニアム等の宿泊施設も充実している。

倶知安町ひらふ地区

　倶知安町は、後志地域のほぼ中央に位置し、後志総合振興局をはじめ各官

公署・施設も多数立地し、地域の拠点となっている。人口は約1万5千人で、そのうち外国人は約750人を占める（2019年）。町の産業は農業と観光が柱で、ジャガイモの名産地として知られる。観光入込客数は1995年以降増加傾向にあり、2018年度には約165万人を記録している。

　本稿で取り上げるひらふ地区は、ニセコアンヌプリの裾野に広がる四つの大型スキー場からなる「ニセコユナイテッド」の一つである「グラン・ヒラフ」の麓に位置する。近年は外国資本による開発が進んでおり、通称「ひらふ坂」沿いには飲食店やコンドミニアムをはじめとして外国人観光客向けの施設が多数建設されている。

世界有数のスノーリゾートとしての発展と地域の課題

ニセコエリアの発展

　1912年、日本にスキーをスポーツとして持ち込んだオーストリア人のレルヒ中佐がスキー訓練の一環で羊蹄山を滑走した。それ以降、ニセコにスキー文化が根づき、1923年頃にニセコアン（現ひらふ）スキー場がオープンし、1961年に大手海運企業の日東商船（現商船三井）の子会社であるニセコ高原観光が「ニセコひらふスキー場（現グラン・ヒラフ）」をオープンさせた（1985年に東急不動産グループに事業を譲渡）。以降、1972年の「ニセコアンヌプリ国際スキー場」、1982年の「東山スキー場（現ニセコビレッジスキーリゾート）」、1992年の「ニセコひらふ花園スキー場（現HANAZONOリゾート）」と、ニセコエリアの「上質なパウダースノー」を活用したスキー場開発が進んでいく（図1、表1）。

　同時に1970年代後半からペンションの建設・開業ブームが始まり、バブル経済等の影響から本州の大手企業による観光事業への進出が本格化し、西武グループ傘下のコクドが手がける東山プリンスホテルをはじめとしてホテルの建設も盛んになる。また、1992年にはオーストラリア出身のスキーインストラクター、ロス・フィンドレー氏が倶知安町に移住、その2年後に夏

表1　倶知安町・ニセコ町における観光まちづくりの変遷

年	計画・施策・条例等	開発・整備等	その他	主な関係機関
1961		ニセコひらふスキー場オープン		ニセコ高原観光
1972		ニセコアンヌプリ国際スキー場オープン		中央バス観光開発
1978〜		ペンションの建設・開業ブーム		
1982		東山スキー場、東山プリンスホテルオープン		ニセコ開発（第三セクター、コクド・ニセコ町）
1988		スキー列車「ニセコエクスプレス」運行開始		JR北海道
1992			ロス・フィンドレー氏、倶知安町に移住	
1994			NAC設立、ラフティング事業開始	ロス・フィンドレー氏
1996		ニセコ綺羅街道街並み整備事業着工		ニセコ町、ニセコ綺羅街道推進会議、北海道電線類地中化協議会
2001	自治基本条例「ニセコ町まちづくり基本条例」制定			ニセコ町
2003			観光協会の株式会社化	株式会社ニセコリゾート観光協会
2004	「ニセコ町景観条例」施行			ニセコ町
2004	北海道遺産「スキーとニセコ連峰」認定			ニセコ町、倶知安町
2006			地価上昇率全国1位（2008年まで3年連続）	
2009	「準都市計画区域」「特定用途制限地域」「景観地区」適用			ニセコ町
2014	「倶知安町ニセコひらふ地区エリアマネジメント条例」制定			倶知安町
2014	ニセコ観光圏認定			蘭越町、倶知安町、ニセコ町
2014	環境モデル都市認定			ニセコ町
2017			（一社）ニセコひらふエリアマネジメント設立	（一社）ニセコひらふエリアマネジメント
2018	SDGs未来都市に認定宿泊税条例を制定			ニセコ町倶知安町
2019	宿泊税条例を施行G20観光大臣会合の開催			倶知安町

注：今後、2027年度には後志自動車道が開通（余市〜倶知安間、札幌中心部までの所要時間が130分から90分に短縮）、2030年度には北海道新幹線の停車駅が倶知安駅に設置される予定。

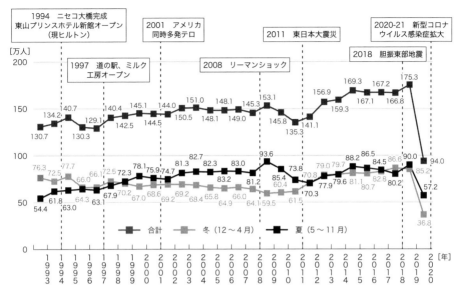

図3　ニセコ町の観光入込客数の推移（出典：「北海道観光入込客数調査報告書」をもとに筆者作成）

場の外国人の仕事を確保するという目的から株式会社 NAC を設立し、北海道初となるラフティング事業を開始した。その後、ダッキー、カヤック、トレッキング、キャニオニングといった夏季のレジャーメニューの多様化が進み、通年型の観光地としての現在の姿が形づくられていく。ニセコ町では、1999 年度から夏と冬の入込客数が逆転しており、スキー中心だったニセコの観光に変化が見られたが、2012 年以降は上質な雪を活かしたスノーリゾートの魅力が再び注目を浴び、海外からの冬の入込数が増加したことで、夏冬で拮抗した状況となっている（図 3）。

ニセコエリアにおける課題

　一方、2000 年頃から、外国人観光客の増加、また、外国資本の流入に伴う影響が社会問題化してきた。具体的には、外国資本のホテルやコンドミニアム等の開発に伴う物価・家賃の高騰、インフラ整備の遅れ、不在不動産所

有者の増加による町内会機能の停滞などである。

　この背景の一つとしては、倶知安町とニセコ町の行政上の規制の違いが挙げられる。ニセコ町では「ニセコ町景観条例」を施行して、開発に対して制限をかけた。一方、倶知安町では、準都市計画区域や景観地区を定め、建物の高さや色彩などに関するルールは設けたものの、開発に対しての制限はかけなかったため、特にひらふ地区では外資系高級ホテルやコンドミニアムの開発が急増した。

地価・物価の高騰

　外国資本によるリゾート開発が進むニセコエリアでは、家賃や物価の高騰が続いている。国土交通省の発表では、倶知安町の住宅地の公示地価は3年連続で全国トップとなっており、ニセコエリアでは富裕層向けのホテルやコンドミニアムなどの億単位の物件も好調に売れており、地価の高騰が止まらない。こうした地価や物価の高騰に伴う固定資産税や賃料の上昇は地元住民の生活にも影響を与えている。

外国資本の開発による地域コミュニティの崩壊

　ひらふ地区では、不動産売買による地元住民の減少と外国人不在不動産所

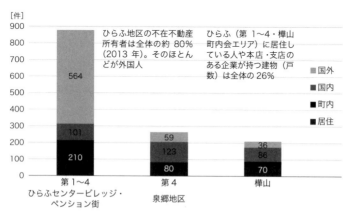

図4　不動産所有者の居住地（物件単位）（出典：ニセコひらふエリアマネジメント提供資料をもとに筆者作成）

有者の増加（図4）に伴い町内会の会員数が減少したことで、街灯点灯、ゴ
ミ分別、防犯、除雪、草刈り等の住民主導の公共サービスの質の低下が問題
となっている（図5）。現在、開発が盛んに進む第1町内会から第3町内会
（図6）のエリアでは元々の地元住民がほとんどいなくなり、例えば町内会
で徴収している街灯の電気代にも事欠く状況である。町内会への入会は任意

図5　管理の行き届かないゴミステー
ション（提供：ニセコひらふエリアマネジメン
ト）

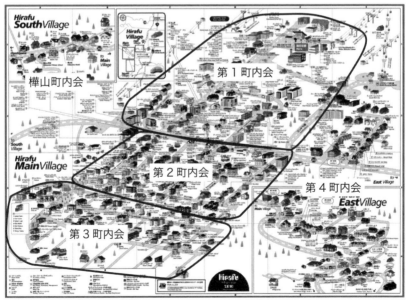

図6　ひらふ地区の町内会の分布（提供：ニセコひらふエリアマネジメント）

であるため、外国人オーナーは基本的には入会しないからだ。

　また、日本のルールには明文化されていないグレーな部分が多く、外国人に理解しづらいこともある。例えば、この地区では、ゴミを 20 種類に分別して出さなくてはならないが、外国人オーナーはそれを理解できず、なぜ税金を支払っているのにゴミを捨てられないのかというような回答が返ってくる状況であった。

地元と行政の協働による BID の導入

　グラン・ヒラフの麓に位置し、沿道に数多くのホテルや飲食店が立地しているひらふ坂では、冬季の積雪や路面凍結により車が登りにくく、歩行者も転倒するといった問題を抱えていた。

　そこで 2007 年に、坂の改良工事に歩道のロードヒーティングと電線地中化を盛り込むことを目指し、地域住民、企業、団体が集まり、「道道ニセコ高原ひらふ線（ひらふ坂）整備要望協議会」が設立された。ロードヒーティングに関しては、北海道が車道（交差点）と歩道（1.5ｍ幅）に整備し、歩道部分（1.5ｍ幅）の電気代を地元が賄うことで合意がなされた。その後、説明会の場において、住民が歩道全体 3.5ｍ幅と車道全長のロードヒーティングを要望したため、最終的には北海道が負担を増額し、歩道 1.5ｍ分の電気代のみを地元で負担することで工事が進むこととなった。

　この時点では、電気代を負担する地元というのは誰なのか明示されていなかったが、北海道としては倶知安町が支払う形であれば地元の要望を認めるということで工事は着工した。しかし、倶知安町と要望を上げた地域住民との間で電気代の支払いについて、なかなか話がまとまらなかった。その後、議論を継続するなかで、電気代の徴収が地域内のさまざまなマネジメントを行う良いきっかけになるのではないかと話が広がりを見せ始めた。そこで注目されたのが、海外で実施されていた BID（Business Improvement District）のしくみであった。BID とは、特定のエリアを対象とした「負担金徴収のための制度」のことで、海外ではイギリスやアメリカ、カナダなどですでに

実施されている。対象エリア内に不動産を所有する事業者等に対して負担金の支払いを義務づけ、その負担金で当該エリアの観光地づくりやインフラの維持管理などを賄う。日本でも大阪市で条例を定めて制度運用を始めており、2018年6月1日には「地域再生法の一部を改正する法律案」が公布・施行され、その中の一つに日本版BID制度と呼ばれる「地域再生エリアマネジメント負担金制度」がある。

BIDの議論は、「地域に関わる自分たち自身が、受益者分担金制度により当該地域で行政がカバーできないプラスアルファのサービスをマネジメントしていこう」というポジティブな動きへと展開していく。そして、一般社団法人ニセコプロモーションボード（NPB）が軸となって結成された「ニセコひらふCID/BID検討委員会」が中心となり、2011年度から観光まちづくり全体に使える持続可能な地域運営のしくみと財源の確保に向けてBIDの検討が始まった。その後、検討委員会（10回開催）、研究会（14回開催）、住民説明会（7回開催）、住民アンケートの実施、有識者向けの条例に関する相談などを経て、2014年に「倶知安町ニセコひらふ地区エリアマネジメント条例」（以下、エリアマネジメント条例）が制定された。

この条例の制定により、「さまざまな形で地区に関わる人々が、主体的に運営する新たな『エリアマネジメント』のしくみ」を構築できる基盤が整えられ、「ニセコひらふ地区内における良好な環境や地区の価値を維持、向上させるための、地区住民等による主体的な取り組み」をエリアマネジメント活動として位置づけ、その活動を行う団体を「エリアマネジメント法人」として認定することができるようになった。

地域課題の解決を牽引する組織の設立

しかしながら、エリアマネジメント条例が制定された一方で、行政が財源を徴収できる条例を別途設ける必要があったために、せっかくの条例が機能しない状況が続いた。そこで、3年間にわたり実務主体の設立が協議され、2017年に「一般社団法人ニセコひらふエリアマネジメント」（以下、

NHAM）が設立された。同法人では、ひらふ地区が「住んでよし、訪れてよし」の魅力ある国際観光リゾートエリアとなることを目標に掲げ、地区内の課題解決に向けた取り組みを行っている。

　主軸となるメンバーは、代表理事を務める渡辺淳子氏（町内飲食店代表）、理事を務める田中義一氏（株式会社ニセコリゾートサービス代表、倶知安町議会議員）、佐藤文雄氏（東急リゾーツ＆ステイ株式会社）の3名である。法律上の会員はまだいないが、NHAM が地域の美化や緑化等の活動を実施する際には、地区内の事業者がメンバー的な位置づけとして集まり、手伝いを行っている。

　NHAM の具体的な活動内容としては、ゴミ拾いなどの美化活動やゴミ回収に関するルールの作成、「ひらふ坂お花いっぱい活動」という緑化活動、イルミネーションの設置、事業者向けの「Hirafu だより」の発信、行政への各種要望などが挙げられる。

　ゴミ回収は、倶知安町観光協会ひらふ部会（現 NHAM）が取りまとめ、ニセコ環境株式会社と提携して始めたシステムであり、倶知安町観光協会会員でなければ参加できないしくみとなっている。NHAM では、分別方法やシール貼り、ゴミの捨て方の説明、新規申し込みの受付などを行う「ひらふゴミ回収説明会」も開催している。

　また、2018 年度と 2019 年度には、「エリア内の経済活性化と持続可能なまちづくり」を目的として、ひらふ地区への来場顧客や従業員を対象に「NISEKO pay」という電子地域通貨の実証実験を行った。スマートフォン上でチャージして決裁できるシステムで、東急リゾーツ＆ステイが運営するグラン・ヒラフ全店舗をはじめとして地区内と倶知安町市街地の約 50 店舗の飲食店において QR コードで決済できるというものであった。

　こうした活動に関して、NHAM 代表理事の渡辺氏は「一つのコミュニティとして風通しを良くすることが必要。地域の美化や安全・安心の向上は、来訪者にとっても住民にとっても、またビジネスをしている人にとっても一番重要な関心事です。皆さんにどのように情報を発信していくか、また、皆さんのいろいろな要望を町に伝えることも我々の役割だと思っています」と語る[1]。

地域コミュニティの機能を高める

　エリアマネジメント条例では、活動の財源を別途条例で定めるとしているが、現在も財源徴収に関わる条例は定められておらず、エリアマネジメント活動に要する安定的な自主財源の確保が引き続きの課題となっている。財源確保の一手段として、ひらふ坂の町有地にフラッグを立てて広告費を集めるといったような営利活動を行うにも、国定公園内であることからハードルが高いという事情もある。

　NHAM理事の田中氏は「エリアマネジメントとは、観光客を誘致するために観光協会が行っているような対外的なプロモーションではありません。来訪者にとっても住民にとっても良い環境を整えていく取り組みであり、我々は対内的な活動を実施しています。また、観光協会では事業者が会員ですが、NHAMは地域主体という位置づけになるため、新規の開発などに対して住民を代表して意見を出したり、情報の収集・共有を行っていくことが重要になります。持続可能性という観点からも、環境を守りながら良好な開発を進めるために行政に地域の意見を伝える窓口になる必要があると考えていますし、一昨年にはマスタープランや第6次総合計画のパブリックコメントに対してNHAMから提言を行いました。その際には、観光協会やニセコプロモーションボードとは違うアプローチで地域の代表として発信していくことが重要であり、仕事であると考えています」と語る[2]。

　少子高齢化が進み、地域活動に参加する若者が減少していく現在、ニセコエリアやひらふ地区のようなリゾート地に限らず、また、都市部・地方部に限らず、地域コミュニティの機能が低下し、維持困難に陥る地区は今後さらに増えていくことが予想される。本稿で取り上げたニセコエリアは、外国資本の開発に伴う所有者不在の不動産の増加が主要な原因となっていた特殊な事例ではあるが、エリアマネジメントによる地域活動の取り組みは他地域にも参考となる。

　近年、同じ道内の富良野市北の峰地区が、豊かな観光資源とコロナ禍にお

ける手頃さから投資先として注目を集め、ひらふ地区と同様に多くの不動産が海外投資家に売却されており、乱開発が懸念されている。ここで紹介した取り組みを参考にしながら、地域住民が住みやすさを維持しつつ魅力を向上させていく活動が必要だろう。　　　　　　　　　　　　　　　　（猪股亮平）

＊1　渡辺淳子氏へのヒアリング（2021年1月25日）
＊2　田中義一氏へのヒアリング（2021年1月25日）

2-3

しまなみ海道（広島県・愛媛県）
瀬戸内海を巡るサイクルツーリズムの聖地

しまなみ海道の概要

　「しまなみ海道」は、四国4県の地域振興および防災力向上のために整備された本州四国連絡道の3路線の一つである西瀬戸内自動車道を指す。広島県尾道市と愛媛県今治市を結ぶ全長約60kmの高速自動車道だが、島を行き来する住民が多いことから歩行者および自転車が通行できる専用道が併設さ

図1　NPO法人シクロツーリズムしまなみが運営するゲストハウス「シクロの家」（提供：山本優子氏）

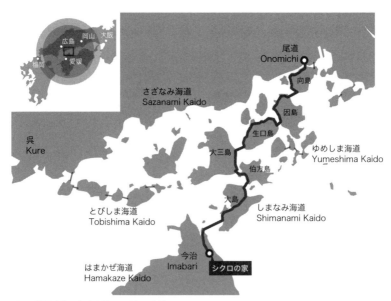

図2　瀬戸内海の島々を巡るしまなみ海道（提供：シクロツーリズムしまなみ）

れており（鳴門自動車道および瀬戸自動車道の他の2路線には併設されていない）、この専用道が瀬戸内海の島々を巡るサイクリングコースとして人気を博している（図1、2）。

　島の美しい風景、歴史や文化、豊かな海の幸を味わえるサイクリングコースは、1999年の全線開通後わずか10数年あまりでミシュランガイドに掲載され、2014年にはアメリカのCNNが「世界7大サイクリングコース」に選出するなど、世界的にも評価が高く、現在では年間30数万人が訪れる「サイクリストの聖地」となった。住民の生活道路として整備された自転車道がどのようにしてここまで発展してきたのか、その経緯について紹介したい。

サイクリングコースとしての魅力

　しまなみ海道のサイクリングコースは、高速道に併設された歩行者自転車道を主として、その全長は70kmに及ぶ。それぞれの島で島内を巡るコース

図3　瀬戸内海の多島美を味わうサイクリングコース（提供：シクロツーリズムしまなみ）

図4　サイクリストが憩うサイクルオアシス（提供：シクロツーリズムしまなみ）

も開設されており、各地にサイクルオアシスやレンタサイクルステーションも設置されている。

　しまなみ海道の魅力を世界に発信する活動を行っている「一般社団法人しまなみジャパン」（後述）では、サイクリストに選ばれる四つの理由として以下を挙げている。

①自然と人工美が織りなす絶景（図3）

　瀬戸内海に浮かぶ島々とそれらを結ぶ橋が織りなす雄大な景色を味わうことができる。

②迷わず走れるブルーライン

　JR尾道駅からJR今治駅間のサイクリングの推奨ルート路面にブルーラインが引かれている。

③サイクリストにやさしい150以上のサイクルオアシス（図4）

　小売店や民宿などにより、サイクリストが気軽に立ち寄れる休憩所が開設

されており、空気入れや自転車専用スタンドなども整備されている。

④充実したサイクリストの受け入れ体制

　各自の自転車でも安心して来訪できる以下の体制が整備されている。

・自転車組み立て場を各地に設置
・サイクルバス、サイクルトレイン、サイクルシップを運行
・手荷物預かり、宿泊先までの当日配送サービス
・自転車の持ち込みが可能な部屋を備えた多数の宿泊施設

　これら四つの理由のうち、「①自然と人工美が織りなす絶景」はサイクルツーリズムとは関係なくもともと備わっていたものであり、それ以外の②〜④は、基盤である自転車道を取り巻く地域の官民のさまざまな取り組みによりもたらされた成果である。

　例えば、1999 年の開通と同時にレンタサイクル事業も開始されてはいたが、今治市側に比べて尾道市側の取り組みはあまり進んでいなかった。また、今治市で実施されていたレンタサイクルについても、いわゆるママチャリが準備されている程度にとどまっており、所管は教育委員会体育振興課であったことからも観光の視点が重視されていなかった。

　したがって、前述の②〜④に記した充実した取り組みが展開されるまでには、鍵となる人や組織の動きがあった。以降では、そこで活躍した人と組織について紹介する。

サイクルツーリズム推進の立役者

　しまなみ海道にサイクルツーリズムが定着するまでには、複数の自治体の首長や職員、自転車メーカー、サイクリストやレーサーといった自転車の専門家など、多くの方々の熱心な取り組みや行動があった。このような複数のキーマンの奇跡的な出会い、組み合わせがなければ、実現しなかったものと思える。

　ここでは、その中で、自転車振興を牽引した行政トップと民間企業トップ、

そして、自転車観光の受け皿となった地域の住民と直接対話してきた NPO 理事長の3人の動きを紹介しながら、しまなみ海道のサイクルツーリズムの展開を見てみよう。

愛媛県知事・中村時広氏

しまなみ海道のサイクリングによる観光活性化が大きく動き出す契機となった出来事が、2010年の中村時広氏の愛媛県知事就任と言われている。

選挙の際、中村知事は「しまなみ海道を世界に発信すること」を公約に掲げていたが、後に次のように語っている[*1]。「選挙の時点では具体的なアイデアはありませんでしたが、当選後、世界に発信していく方法を考えた際に、しまなみ海道だけが他の2路線にはない歩行者自転車道を有していることに着目しました。そこで、世界最大の自転車メーカーを調べてみたところ台湾のジャイアント社だったので、創業者の劉金標氏（図5）にお話を伺うことにしました。そのお話で、自転車に対する考え方が大きく変わり、自転車で新たな文化が創出できるという思いに至ったのです」。

その後、県庁に自転車新文化推進課を設置した中村知事は、県下の20市町と連携して総延長約1270kmの自転車道を整備する「愛媛マルゴト自転車道」を2012年に提唱し、菅良二・今治市長とともに県内の自転車振興を強力に推し進めてきた。このような愛媛県側からの熱心な働きかけに呼応する

図5　しまなみ海道をサイクリングする中村時広・愛媛県知事（右）とジャイアント・マニュファクチャリング社創業者・劉金標氏（左）（提供：エスピーエーディ）

形で、広島県側でもマウンテンバイクを趣味とする湯崎英彦知事や平谷祐宏・尾道市長が連携して取り組みを進めてきた。

ジャイアント・マニュファクチャリング社創業者・劉金標氏

　しまなみ海道のサイクルツーリズム振興に欠かせないのがジャイアント社である。現在、今治市と尾道市にジャイアントストアを展開しており、しまなみ海道のサイクリングをサポートしている。

　劉会長（当時）は、2007年、73歳で台湾一周サイクリングを成功させた後、「GREEN WORLD ON WHEELS」をテーマに掲げて自転車による環境の保護や健康の促進を提唱し、中国、オランダに続き、2012年5月に「瀬戸内しまなみ海道」を訪れている。ジャイアント社によれば、「日本国内での交流サイクリングツアーを検討中に東日本大震災が発生、計画を見直す中で、しまなみ海道が有力な候補となった」とのことである。

　また、この直前に、今治駅にジャイアントストアが出店をしている（図6）。交流サイクリングツアーや出店が早期に実現した背景には、地元で活躍するジャイアント社の契約選手である門田基志氏の存在や、JR四国の協力、ジャイアント社製自転車のフレームに使用されている炭素繊維が東レ愛媛工場で製造されていたことなどがある。

　劉会長のサイクリングイベントは、「財団法人自行車新文化基金会」の主

図6　今治駅のジャイアントストア
（提供：エスビーエーディ）

催、愛媛県とジャイアント日本法人の共催で実施されており、台湾の財界人も多数同行したことで、しまなみ海道のPRや、その後の日台交流にも効果があったと考えられる。

NPO法人シクロツーリズムしまなみ代表理事・山本優子氏

しまなみ海道の大きな魅力となっているサイクルオアシスなど、地域内の受け入れ環境は、山本優子氏（図7）が代表を務める「NPO法人シクロツーリズムしまなみ」の活動がなければ実現しなかった。

同法人の定款には、「しまなみ海道地域をメインフィールドに、従来型の観光行動とは一線を画す自転車旅行（シクロツーリズム）に着眼し、島を周遊する観光スタイルの定番化、滞在型の旅行者誘客活動を展開する。島の豊かな自然と、その自然に支えられた地域の暮らしが織り成すアーティスティックな風景を「風景アート」と捉え、自転車で「風景アート」を楽しむ中で、地域の自然・歴史・伝統を守り、伝える感性、様々な事象と人々とのつながりを熟成させる新しい価値観を生み出し、持続可能な地域の暮らしを実現することを目的とする」と記載されており、活動目的はあくまで「持続可能な地域の暮らしを実現すること」であり、観光の振興ではない。

山本氏の経歴を見ると、大学を卒業後、教職を経て、今治NPOサポートセンターに勤務し、2001年に発生した芸予地震の際に災害ボランティアセンターのコーディネーターとして復興活動に取り組んでいる。ここでのコミュニティ

図7　シクロツーリズムしまなみ代表理事・山本優子氏（提供：山本優子氏）

を重視した活動経験は、その後の住民主体の自転車による地域振興活動のベースとなっている。

　一方で、愛媛県・松山市・今治市は、2004年に国土交通省が進める「サイクルツアー推進事業」のモデル地区の指定を受けた。その後、翌2005年から3カ年にわたり「住民参画型による地域資源をつなぐ自転車モデルコースの策定」「案内標識や誘導標識、休憩所などのサイン計画の立案」が県委託事業として実施されており、山本氏がコーディネーターとして本事業に関わっている。

　山本氏は、愛媛大学での「愛媛学」の講義において、この頃の状況を「しまなみ海道の開通以後、地域の人たちにとっては、自分たちとは関係のない通過型の観光客の増加が引き起こす『日常生活への不安』『観光客の減少』『生活を支えてきた移動手段の減少』などの課題に翻弄されてきた歴史がある」と述べている。

　また、2006年4月の「せとうちタイムズ」には、「明暗表裏の夢の架け橋 しまなみ海道全線開通 そして…橋桁になる島々」と題した記事が見られ、「ピーク時に年間300万人を飲み込んだ観光地は嵐のようにブームが去り、兵（つわもの）どもが夢の跡。激減傾向の観光客に勝ち組も頭が痛い。このままでは巨大な架け橋の橋桁になってしまうのでは─という不安な声さえ聞こえてくる」とある。

　実際、しまなみ海道におけるレンタサイクルの利用実績を見てみても、開通した1999年の約7万台から年々減少し、2005年には3万台弱にまで落ち込んでいたことがわかる（図8）。

　このような状況に対して、コーディネーターを務める山本氏は、「橋の価値はどこにあるのか、自転車で渡ることができる橋の特徴をどう活かしていくのか」を問いかけ、「さまざまな課題を解決していく取り組みを住民の中で自分事化していくこと」に力を注いだという[*2]。

　3年間のサイクルツアー推進事業を通して、「島の姿や暮らしそのものが観光資源になる」という考えに至った山本氏は、2008年に「しまなみスローサイクリング協議会」を設立し、複数の島の垣根を越えて連携するネッ

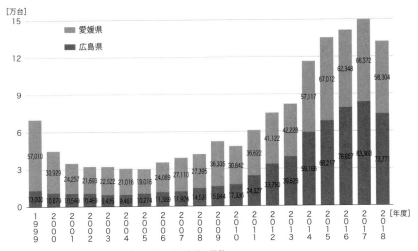

図8　しまなみ海道におけるレンタサイクル利用実績の推移
(出典：尾道市産業部観光課「報道発表」(2019年6月19日) をもとに筆者作成)

トワークを構築し、住民主体で進める自転車による地域振興活動に着手した。
そして、翌2009年に「NPO法人シクロツーリズムしまなみ」を立ち上げて
いる。

推進団体の取り組み

以上の3人のキーパーソンに続き、本項では推進団体である「自治体」
「一般社団法人しまなみジャパン」「NPO法人シクロツーリズムしまなみ」
の取り組みについて概観する。

自治体

市および県の各自治体では、以下のような取り組みが行われている。
①レンタサイクル事業

1999年のしまなみ海道の開通当初から、今治市と尾道市が公営でレンタ
サイクル事業を実施してきた。その後、2017年にしまなみジャパン（後述）

表 1　各自治体が策定した自転車関連の計画

広島県	広島県自転車活用推進計画（2019 年 3 月策定）
尾道市	尾道市自転車活用推進計画（2020 年 3 月策定）
愛媛県	愛媛県自転車新文化推進計画（2019 年 3 月策定、2021 年 3 月改定）
今治市	今治市サイクルシティ推進計画（2019 年 3 月策定、2021 年 3 月改定）

へ事業を移管している。

②ブルーラインやサインの整備

　しまなみ海道の魅力の一つである路面のブルーラインやサインの整備が、2010 年に広島県側、2011 年に愛媛県側で進められた。

③自転車関連の各種計画の策定

　各自治体で自転車関連事業が実施されてきたが、2018 年に国土交通省が「自転車活用推進計画」を定めたことを受け、各自治体で自転車関連施策を取りまとめた計画を策定する動きが進んだ（表 1）。

④専門部署の設置と庁内の連携

　前述の通り、愛媛県では専門部署として「自転車新文化推進課」を設置している。また、今治市では「サイクルシティ推進室」を設け、計画の推進を担っている。

　さらに愛媛県では、自転車通勤者の普及拡大を担う環境政策課をはじめ14 の部署で自転車に関連する施策が実施されている。その連携により、県内企業を巻き込みつつ「オール愛媛」で自転車による地域活性化に取り組む雰囲気が醸成されていることも、民間事業者の協力を得ながら成り立つサービスの実現につながっている。

⑤日本版 DMO「一般社団法人しまなみジャパン」の設立

　しまなみ海道周辺地域の観光関連の取り組みを担っていた「瀬戸内しまなみ海道振興協議会」（尾道市、今治市、上島町の行政、商工観光関連 22 団体で構成）を母体に、2017 年に日本版 DMO（「Destination Management/Marketing Organization」の略で、官民の連携により観光地域づくりを推進する法人）として「一般社団法人しまなみジャパン」を設立。代表理事に今

治市長、副理事長に尾道市長と上島町長が就任している。

一般社団法人しまなみジャパン

　もともとしまなみ海道沿いの島々にはそれぞれに基礎自治体があったが、平成の大合併により尾道市と今治市に再編された。尾道市と今治市との間では 1968 年に姉妹都市提携が結ばれており、種々の交流があったことから、地域活性化のための広域連携組織として先述の「瀬戸内しまなみ海道振興協議会」が設置された。

　この協議会の機能を強化するために、日本版 DMO として改組し、2017年に設立されたのが「一般社団法人しまなみジャパン」である。協議会でもサイクリングコースやツアーの PR 活動などを実施していたが、同法人では民間事業者とも連携しながら、さらなる観光振興に向けて「プロモーション事業（観光 PR 事業、サイクリング PR 事業、海外誘客促進事業、マーケティング事業、しまなみジャパン観光ビジネスセッションの開催）」と「レンタサイクル事業（レンタサイクル貸出）」の二つを軸に取り組みを進めており、単にサイクルツーリズムを振興するための組織ではなく、広域の観光振興全般に取り組む組織として位置づけられている。

NPO 法人シクロツーリズムしまなみ

　NPO 法人シクロツーリズムしまなみは、当初から、休憩所「サイクルオアシス」の整備や、住民の有志が自転車のトラブルを解決してくれる「しまなみ島走レスキュー」の取り組み、地域の啓発事業等に深く関わってきた。さらに、自転車をそのまま持ち込めるサイクルボート「しまなみ号」や、手荷物搬送サービス「荷物らくらく便」などの社会実験にも積極的に取り組んでいる。

　その多くが県等からの委託事業だが、先の山本氏をはじめとしたコミュニティづくりの専門家や自転車の専門家が、地域の中で地元住民の理解と協力

を得るために地道に活動を積み重ねてきた成果が、現在のしまなみ海道のサイクルツーリズムの魅力アップにつながっている。

近年は以下のような事業に取り組んでいる。

- 個人旅行・インバウンド観光を促進する地域ブランディング事業
- 里山の恵みを活用したサイクルツーリズム造成事業
- Facebook を活用した「しまなみサイクリングパラダイス」運営管理事業
- 外国人留学生サイクリング普及促進事業
- なみかた海の交流センター管理運営事業
- ランニングバイクによる人材育成・啓発事業
- 地域限定旅行業（ガイドツアー等の催行）
- 宿泊業（しまなみゲストハウス「シクロの家」（図1）、Cyclo cafe & book Hostel なみトみなと）
- 地域振興に係る商品の開発・販売事業
- 情報発信、交流研修などの自転車まちづくり事業（講師派遣、講習会開催等）

なお、同法人の2019年度の経常収入は約4700万円で、その内訳は「宿泊業」と「マップや書籍、グッズなどの物販」が約1500万円ずつと主力をなしており、加えて補助・助成金が約700万円、その他が受託事業収入や旅行業などの自主事業となっている。旅人と住民の交流拠点として運営する宿泊業、地場情報の加工による書籍、土産等の物販業で収入の柱を確保しつつ、受託事業等を通して、受け入れ基盤づくり、サービス向上など、官民一体での自転車振興に取り組んでおり、しまなみ海道自転車観光を継続的にアップデートしている原動力になっていると言えるのではないだろうか。

サイクルツーリズムの効果

国内の各種調査から、サイクリストの消費額は、その他の観光と比べて少額であることがわかっている。

現在、しまなみ海道のサイクルツーリズムには年間30数万人が訪れてい

るが、広島県か愛媛県のどちらかで宿泊したとして1泊2日で2万円程度と仮定すると年間消費額は60億円と推計できる。

一方、毎年開催されているイベント「サイクリングしまなみ」の2018年の経済効果は、約9億円（直接効果3.7億円、間接効果1.9億円、広報宣伝効果3.8億円）と公表されている。1回のイベントの直接効果3.7億円と比較して、年間60億円という額は十分に大きい数字とは言えず、さらなる集客や消費を促進する工夫が必要であろう。

しかしながら、しまなみ海道の開通でいったんは賑わいを見せた1999年から数年のうちに急激に観光客が落ち込み、負の遺産を抱えることが懸念された本地域において、新たな観光振興のテーマが見つかり、日本全国、さらには世界にも知られるに至った効果は、決して小さくない。

エリア内での目標の共有と継続的な活動

この復活劇の背景には、「国家プロジェクトとして整備された公共インフラ＝しまなみ海道」の活用方法について、国に任せっぱなしにすることなく、地方自治体と地域住民がともに考え、アイデアを出しあい、それぞれの特性を活かしながら取り組んできたことが功を奏し、結果としてインフラの付加価値を高めることにつながったことが挙げられる。そうした取り組みの根底には、四国遍路に根づいた地元の人々が旅人を笑顔で温かくもてなす「お接待」の文化があり、お遍路と同様の"スローツーリズム"である「サイクルツーリズム」がうまくマッチしたとも考えられる。

愛媛県が発信している「自転車新文化」は、劉氏の話に感銘を受けた中村知事が唱えたものであるが、行政が地域に上から押しつけるものではなかった。一連の取り組みは、シクロツーリズムしまなみの山本氏らが、地域に入り込み、住民や事業者、さらには旅行者（サイクリスト）に真摯に向きあい、地域の事情に十分に配慮しながら、地域とともに旅行者のニーズに丁寧に対応し続けたからこそ、実現されてきたものである。

サイクルツーリズムの振興のみを目的とせずに自転車文化の普及を目指し

た劉氏や中村知事の考え方や、シクロツーリズムしまなみが活動主旨に掲げる「持続可能な地域の暮らしの実現」という目標を行政・事業者・住民が共有しながら取り組みを継続して進めていくことで、しまなみ海道におけるサイクルツーリズムは、今後も地域にとって優良なコンテンツであり続けるだろう。

（小野崎研郎・荒ひかり）

* 1　大河原克行「"サイクリングの聖地"愛媛県はどのように生まれたか —日本 MS 樋口社長・愛媛県 中村知事対談」『マイクロソフト・トゥディ』第 142 回（2015 年 5 月 2 日）、日本経済新聞社「自治体維新首長インタビュー 愛媛県知事 中村時広氏『自転車新文化』掲げ、愛媛県を売り込む」『日経グローカル』No.216（2013 年 3 月 18 日）など
* 2　山本優子氏へのヒアリング（2021 年 9 月）

2-4

八幡平市（岩手県）
手つかずの自然を堪能するトレイルランニング

八幡平市・七時雨山の概要

　七時雨山は、岩手県八幡平市に位置する。その名は「1日に7回もしぐれるほど天気が変わりやすい」ことに由来し、二つの山頂を有する双耳峰の山容が美しい（図2）。一帯はカルデラ地形をなし、外輪山を形成する田代山・田代平高原とともに広大な景観が広がる山麓では古くから短角牛の放牧が行われている（図3）。山麓を走る鹿角街道は、かつて南部盛岡藩領と秋田県鹿角市・大館市を結んだ街道で、一里塚や旅人の供養碑など往時をしのばせ

図1　七時雨マウンテントレイルフェスの CALDERA TRAIL（提供：七時雨マウンテントレイルフェス実行委員会）

図2　双耳峰の山容が美しい七時雨山

図3　短角牛の放牧風景

る遺跡が残り、文化庁の「歴史の道百選」に選定されている。

七時雨山の魅力を発信するトレイルフェス

　この七時雨エリアで毎年6月に開催されているのが「七時雨マウンテントレイルフェス」である。2013年に参加者約200名で1回目が開催されて以降、環境にも配慮しながらコースや定員が設定され、2020年には約640名の参加のもと、7回目を迎えたイベントとして地域に根づいている。七時雨エリアの魅力を発信するアウトドアイベントで、そのメインの催しとなっているのがトレイルランニングレースの"CALDERA TRAIL"である（図1）。

　トレイルランニングとは、山の中のトレイル（登山道や林道など）を走るアウトドアスポーツで、近年は全国各地でレースが開催され人気が高まって

いる。山の中を走ると聞くと、敷居が高くハードな印象を受けるが、単にタイムを競うだけでなく、山を走る爽快感を感じたり、歩いたり立ち止まったりして景色や地域の人と触れあうなど、楽しみ方もさまざまである。

新たな観光の目玉づくりへの要請

　イベント開催のきっかけは、2011年に始まった八幡平市の観光計画の策定に遡る。八幡平市では、安比高原などの名高いスキーリゾートを擁し、ピーク時には200万人のスキー客を集めたが、スキーブームの衰退を背景としてその客数はピーク時の4分の1にまで落ち込んだ（図4）。東日本大震災の影響によりさらに客足が遠のくなか、観光客の減少に歯止めをかけ、冬のスキーに代わる新たな観光の目玉をつくることが急務とされた。

七時雨山の手つかずの自然に着目

　新たな観光の目玉づくりにあたり着目されたのが、七時雨山の豊かな資源

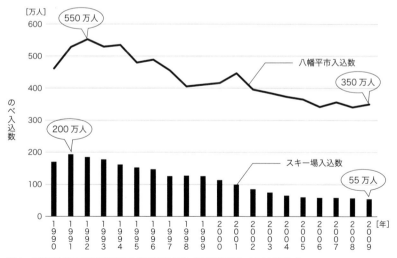

図4　八幡平市における観光客入込数の推移（出典：「岩手県観光統計」をもとに筆者作成）

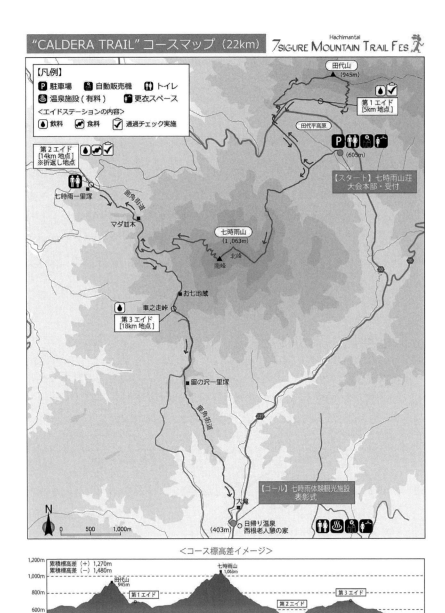

図5 第1回の CALDERA TRAIL のコース（提供：七時雨マウンテントレイルフェス実行委員会）

であった。知名度が高くリゾート開発が進んだ安比高原とは対照的に、開発から取り残された七時雨山は、地元の一部の人には魅力が認識されてはいたものの、地域資源として十分に活用されていない状況であった。

そこで、七時雨エリアの既存の登山道や古道を、トレイルランニングのフィールドとして活用するアイデアが出された。それを受け、アウトドアの専門家を交えながら、カルデラに広がる牧草地の雄大な景観、鹿角街道の歴史など、多様な見どころをつなぐコース（図5）を設定することで、エリアの優れた魅力を発信できるレースが提案された。八幡平市にとっては、冬季以外の閑散期の需要喚起が期待できること、トレイルランナーという新たな客層を取り込めることなどに大きな利点があった。

地元の有志による実行委員会の立ち上げ

トレイルランニングを通して七時雨山の魅力を発信するアイデアに対して、賛同した地元の有志が続々と集まり、「七時雨マウンテントレイルフェス実行委員会」が発足した。発足当初の構成員には、地元の公民館の館長や、七時雨ロマンの会（鹿角街道の整備を行うNPO）の会員、商工会・観光協会・牧野組合・農業協同組合・地域振興協議会等の関係者、山荘経営者、農業や牧場経営に携わるIターン移住者など、多様なメンバーが集まった。

イベントから観光・交流人口の獲得へ

第1回七時雨マウンテントレイルフェスの開催

実行委員会の発足当初、半年後のレース開催が目標に掲げられた。そして、実際にわずか半年というスピードで第1回のレースが実現し、県内外から200名を超えるランナーが集まった。レースにあわせて、地域の食を楽しむ前夜祭や、特産品等を販売するマルシェ（図6）等を開催したほか、レースではご当地ヒーローであるハチマンタイラーが馬に乗ってランナーを先導

図6　レースにあわせて開催されたマルシェ（提供：七時雨マウンテントレイルフェス実行委員会）

図7　ランナーを先導するご当地ヒーロー・ハチマンタイラー（提供：七時雨マウンテントレイルフェス実行委員会）

する演出（図7）や、地域のお母さん方がつくる岩手県の郷土料理「ひっつみ汁」の振る舞いなど、地域の人のアイデアにより、七時雨ならではの演出が行われた。数名で立ち上げた実行委員会の取り組みが、100名を超える地元スタッフとともにつくり上げる一大イベントになったのは、まさに地元有志の情熱とパワーの賜物である。イベントを通して、未活用資源の発掘に成功し、トレイルランナーに加えて県外の来訪者や20～30代の来訪者の誘致にもつながった。また、それまでになかった合併前の旧3市町の連携も生まれ、地元住民が主体となって実施された初のイベントとして高い評価を得た。

一過性のイベントから通年型の交流人口の拡大へ

　レース開催に成功した次なる課題は、一過性のイベントにとどまらず、通

年の交流人口の拡大につなげることであった。そこで、イベント以外の需要喚起に向けたツアーの実施を試みた。初心者向けの日帰りツアーや上級者向けの宿泊ツアーなど、参加者のレベルに応じたツアーを設定し、ニーズを探るとともに、満点の星空を楽しむナイトトレイルの企画や、短角牛のバーベキュー・地酒・山ぶどうドリンクなど地元の食を堪能する企画なども盛り込み、ファンの拡大を目指した。ツアーでは、七時雨山でのトレイルの魅力を紹介することはもちろんのこと、七時雨山の景

図8　七時雨山トレイルランニングコースガイド
（提供：七時雨マウンテントレイルフェス実行委員会）

観の成り立ちや、それを支える短角牛の存在について、地元の語り部による語りを取り入れたり、短角牛の放牧を支える地元の牧野組合の皆さんとの交流を盛り込んだりすることで、地域へのより深い理解を促している。また、七時雨エリアの魅力を伝えるツールとして、動画やマップを作成し、イベントやツアー以外にも足を運んでもらえるような情報発信も行っている（図8）。

イベントの地域への影響・波及効果

地域内での消費促進

　フェスをきっかけに、近隣の宿泊施設や飲食施設では新たな需要が生まれた。フェスの開催時には、前夜祭で地元の食材や酒などを振る舞い、地元の商店が集まる青空マルシェを実施し、地域の産品の魅力を知ってもらうことで地域内での消費を促すような工夫を行っている。

図9 トレイルの維持管理（提供：七時雨マウンテントレイルフェス実行委員会）

住民の誇りの醸成

　短角牛の畜産関係者にとっては、七時雨エリアが開発から取り残された地域ではなく、自分たちが飼育する牛が外部から評価される魅力ある資源だという誇りを持つきっかけになった。

　また、トレイルの活用が進んだことで、地域のNPOによる登山道や古道の維持管理のモチベーションも高まった（図9）。さらに、地元住民と外部のアウトドア愛好家の交流が生まれるなど、七時雨山を愛する仲間の輪も広がっており、地域住民の誇りの醸成につながっている。

環境負荷を最小限に抑える工夫

　放牧地については、牧野組合が地権者である私有地も含まれていることから、ランナーに対してマナー啓発を行うなど、地権者との良好な関係づくりにも気を配っている（図10）。

　レース運営においても、自然資源の持続可能な活用を重視し、参加人数に制限を設けるなど、オーバーツーリズムを回避するとともに、レース後のコースのチェックやゴミ拾いなどメンテナンスも積極的に実施している。

牧野を通行する際のルール

七時雨山トレイルの放牧地は、地元の方のご協力で通らせていただいている民有地です。地域の方が牛の放牧や採草のために使っている生活の場だということを忘れず、以下のことに注意して下さい。

● ゲートはきちんと閉めよう

コース上のゲートは、放牧牛が放草地から逃げないようにするためのものです。通過後は必ず閉めるようにしましょう。

● 牛をおどろかさないようにしよう

不用意に牛に近づいたり、触れたり、大きな音を立てたりすると、牛のストレスになります。牛をおどろかさないように十分配慮しましょう。

● ゴミは全て持ち帰ろう

ゴミを落とされると、牛が誤って食べる恐れがあります。絶対にゴミは落とさないように注意し、トレイルに落ちているゴミを見つけたら拾って帰りましょう。

● 看視小屋ではあいさつを

コース上には、牧場管理員の看視小屋があります。管理員がいたら、「走らせていただいている」という謙虚な気持ちで、あいさつをしましょう。

左：ゲート
右：看視小屋

トレイルランナーの心得

トレイルを通行する際の一般的なルールとして、以下のことにも注意しましょう。

● ハイカーを優先しよう

七時雨山は地元を中心に多くのハイカーが訪れます。あいさつをするときはもちろん、追い越すときはひと声かけて存在を知らせ、歩いて追い越すなど、気持ちよくフィールドを共有しましょう。

● トレイルを走ろう

コース周辺には貴重な植物が生育しています。決してコースを踏み外さないようにしてください。また、雨が続いたあとなどトレイルの状態がよくない場合は、歩いたりスピードを落とすなどして、トレイルが傷まないように注意してください。

● 動植物を大切にしよう

動植物を傷つけたり、採取してはいけません。植物や風景の写真を撮る際にも、トレイルを踏み荒さないように注意しましょう。

● 熊鈴を携帯しよう

鹿角街道など、熊との遭遇の恐れのある場所があります。必ず熊鈴を携帯しましょう。

● 感謝の気持ちを忘れずに

七時雨山のトレイルの多くは、地域の方がボランティアで刈り払いやメンテナンスをしています。地域の皆さんのおかげで、気持ちよく走れる環境が維持されていることへの感謝の気持ちを忘れずに。

図10　ランナーへ周知しているトレイル利用のマナー（出典：七時雨山トレイルランニングコースガイド）

持続可能な観光地経営を目指して

地域の自立的な活動への移行

　地域資源活用の提案から実行委員会の発足、イベント実施までの初動期の3年間は、コンサルタントによるコーディネートのもと、国からの補助金等も活用しながら取り組みを推進した。その間、コンサルタントに代わるコーディネーターとなりうる人物の発掘や仲間集めを進め、現在は地域の自立的な活動を展開している。

　現在の活動経費については、イベントの参加費や企業からの協賛金、市からの補助金が主な収入源だが、大部分の活動がボランティアにより支えられている。

七時雨トレイルランニングクラブの発足

　先に紹介したツアーのリピーターを中心として、七時雨山を愛するランナー仲間が集い、2014年頃から「七時雨トレイルランニングクラブ」の愛称でコミュニティを立ち上げた。

　Facebookを通じたレースの情報共有や交流からスタートし、レース前の試走会や練習会を実施するなど、徐々に運営サイドの役割をサポートする組織へと成長してきた。現在では、レースの企画・運営やコースの整備など、運営を担う主体としても活躍の幅を広げている。最初はお客さんだったランナーが運営サイドに参加してくれる状況は、地元のモチベーションアップにもつながっている。

地域資源を維持・保全するスパイラルの確立

　七時雨エリアでは、トレイルランニングを通して人が訪れることで地域の活性化を図っている。人的資源の面では、観光協会や市役所などの既存組織ではなく、ボランティアに支えられた有志の実行委員会が主体となることで、9年間にわたり活動を継続している。また、自然環境へのインパクトを最小限に抑えつつ、持続可能な形で活用する工夫も行われている。

　組織や企画を一過性のもので終わらせることなく、常に変化する外部環境・内部環境に対応しつつ、試行錯誤を繰り返しながらマネジメントを継続することは容易ではない。その点で、この七時雨エリアの事例は、立場の異なる多様な主体が地域のビジョンを共有し、合意形成を丁寧に進めてきたプロセスが成果を上げており、持続可能な観光地域経営の一つのモデルと言えるだろう。

（谷彩音）

2-5

ヨーテボリ市（スウェーデン）
80カ国のサッカーチームが集う大会で国際交流

ヨーテボリ市の概要

ヨーテボリ（Göteborg）市は、スウェーデンの南西側、北海に面するヴェストラ・イエータランド県の県庁所在地で、人口は60万人弱（東京都の八王子市や杉並区が同程度）の国内第2の都市である。市域面積は約450 km^2、横浜市とほぼ同程度の大きさである。

図1　2019年のゴシアカップの開会式の様子（提供：明石重周氏）

日本では「ヨーテボリ」や「イェーテボリ」と呼ばれることが多いが、英語では「Gothenburg（ゴセンバーグ）」と表記され、本稿で紹介する「ゴシアカップ」の「ゴシア」は都市名が由来であることがわかる。

　スウェーデン王国の最盛期に北海への玄関口として建設され、大航海時代には貿易の拠点として栄え、「東インド会社」の本拠地としても知られている。現在でも、その立地的な優位性からスカンジナビア最大の港湾施設を有し、貿易と海運、工業を主とした産業都市として位置づけられており、自動車メーカーのボルボ、通信機器メーカーのエリクソン、ベアリング業界で世界最大手の SKF などが本社を構える。

　また、教育や文化の拠点都市でもあり、市内には 19 世紀に設立された歴史あるヨーテボリ大学とチャルマース工科大学の二つの大学がある。それぞれ約 3 万人の学生を擁しており、両大学で約 6 万人と、ヨーテボリの人口のおよそ 1 割を学生が占めている。

　一方で、古くから産業が発達したヨーテボリでは、都市のスプロール化が早くから発生しており、自動車の発達とともに郊外へと移住する住民が増えている。そのような状況下で、高齢社会に向けたモビリティを確保するため、路面電車やバスなどをネットワーク状に張り巡らせる大胆な公共交通網整備が進められている。それと同時に、そうした状況に対して市民の理解を醸成するための福祉政策や教育政策にも力を入れており、社会・都市の持続性を強く意識した政策を進めている都市でもある。

　本稿で紹介する「ゴシアカップ（Gothia Cup）」は、ヨーテボリで毎年 7 月に開催される国際的なユースサッカーの大会である（図 1）。その始まりは 1975 年に遡り、2019 年までに 45 回開催されてきた。近年は 70 〜 80 カ国からおよそ 1700 チームが参加するまでに成長し、ユース年代のサッカーの大会としては世界最大と言われている。

　2020 年、2021 年はコロナ禍により残念ながら中止となってしまったが、毎年 3 万人を超えるサッカー少年・少女が集まる一大スポーツイベントが、人口 60 万人弱の北欧の一都市でどのように発展し、地域にどのような影響・効果を与えてきたのか、見ていきたい。

毎年3万人を集客するゴシアカップ

半世紀前に始まった国際ユースサッカー大会

1975年に5カ国から275チームが参加して開催された第1回大会では、16面のグラウンドを使用して計700試合が行われた。その後、毎年開催され、10年後の1985年には29カ国・502チーム、1995年には48カ国・1094チーム、2019年には74カ国・1868チームにまで拡大している。近年では、110面のグラウンドを利用して4500試合が、7月中旬の1週間（開会式から閉会式までは月曜〜金曜の5日間）に実施されている。

参加選手の年齢は11〜18歳で、試合は年齢や性別などで分けられた20のカテゴリーで行われている。予選はグループリーグ制で、すべてのチームが少なくとも6試合に参加できるしくみが採用されている（以前は、平均4〜5試合だったこともある）。その点で、日本国内の中高生の全国大会などで1回戦で敗退すると1試合しか参加できないトーナメント制とは異なり、参加チームに平等に機会を与える工夫がなされている。

地元サッカークラブが運営

ヨーテボリ市内には、国内のリーグ戦に参加する四つのサッカークラブがある。ゴシアカップは当初、このうちの「BKヘッケン（Bollklubben Häcken）」と「GAIS（Göteborgs Atlet- & och Idrottssällskap）」の二つのクラブと地元新聞社で実行組織が構成されていたが、1980年代以降はBKヘッケンが単独で運営にあたっている。現在、BKヘッケンには、ゴシアカップ専従の8名の職員がおり、年間を通して大会の準備を行っているが、大会期間にはボランティアを含めてスタッフの数は約2500名にのぼる。

運営を担うBKヘッケンは、1940年に市内のヒジンゲン地区でサッカークラブとして設立された。大きな生垣（スウェーデン語で「ヘック（häck）」）

で囲まれた空き地を練習場にしていたことが、その名の由来である。

　現在は男女にトップチームを持ち、下部組織として130名のボランティアコーチ・スタッフと、700名のユース年代の選手が在籍している。トップチームは国内のトップリーグで活躍しており、ユース年代の育成に加え、サッカーを通した地域貢献や社会貢献活動にも熱心に取り組んでいる。

　そうした取り組みの一例として挙げられるのが「フォワード賞」で、地域の青少年の育成に貢献した人を表彰している。また、金曜日の夜に誰でも参加できるフットサルを開催するなど、さまざまなプログラムを用意して子どもたちの居場所をつくり、心身の成長を支えている。さらに、ゴシアカップの成功をもとに「ゴシアカップ財団」を設立し、途上国、特にアフリカの子どもたちへの支援も展開している。

ゴシアカップを支える資源

　サッカー大会を開催するにあたっては、施設（サッカー場）と人材（運営スタッフおよび審判員）の二つを確保することが必須である。さらに、3万5千人にのぼる選手・関係者が1週間滞在するための受け入れ態勢を整え、食事の提供も含めた宿泊施設や1800チームの移動を支える交通手段などの準備も求められる。

4500試合を捌けるサッカー場

　2019年の大会では、5日間で4500試合を行うために110面のサッカー場が使用された。

　開会式は、4万3千人を収容できるウッレヴィスタジアムで行われる。3万人を超える選手に加えて、多くの観客も集まり、国際色豊かで賑やかな開会式となる（図1）。

　開会式を終えると、各チームは市内各所にあるサッカー場に移動する。「110面ものサッカー場が一つの市の中にあるのか」と疑問に感じるが、当然なが

図2 多くの試合はスタンドのないサッカー場で開催される（提供：明石重周氏）

らすべてのサッカー場がウッレヴィスタジアムのような施設ではなく、日本国内でもしばしば見るような観客席のないサッカー場が大半である（図2）。ただし、すべてのサッカー場で天然芝か人工芝が整備されている点は、日本と大きく異なる。

　ヨーテボリ市が四つものサッカークラブと多数のサッカー場を擁する背景には、サッカーが盛んというお国柄があると思われるかもしれない。しかし、市域面積がほぼ同じである横浜市にも三つのJリーグクラブがあり、市内には100を超える高校、27の大学・短大等があるので、これらの学校が所有するグラウンドをサッカー場として使えば十分な数が揃うことになる。しかし、公共のスポーツ施設を含め、芝生が整備されていないサッカー場がほとんどというのが現状で、日本のスポーツを取り巻く環境の貧しさを嘆かざるをえない。

運営スタッフ・審判員は市民・学生のボランティア

　前述した通り、大会期間中のスタッフの数は約2500名にのぼる。必要経費と若干の報酬は支給されているが、基本的には開催期間中のみ参加するボ

ランティアで構成されている。

　一方、BKヘッケンには100名を超えるボランティア指導者が所属しているが、大会ではその20倍の人数が必要となる。そのため、事務局の専従職員の重要な仕事の一つは、ボランティアのマネジメントである。

　大会では、開催時期が学年の変わり目で休暇期間となる学生に加え、多くの市民が夏季休暇を利用してボランティアとして参加している。なお、スウェーデンでは夏季休暇を4週間取得できる権利が法律で定められており、そうした環境がボランティアに参加しやすい環境を生み出している。

　この大会でボランティアスタッフになることができるのは、スウェーデンの社会保障番号を有する人に限定されており、スウェーデン語に加えて英語を話せることが必須である。ボランティアたちは参加動機として、若者の国際交流をサポートできることの喜びを語っている。しかしながら、大会規模が大きくなり必要なスタッフの数が増えたことで、近年は人材の確保に苦労しているとのことである。

　また、審判員に関しては、選手たちに国際経験を積んでもらうために海外の審判員も招聘している。

学校の施設も選手に開放

　3万人を超える選手の宿泊先には、通常のホテルに加えて、市内の学校の

図3　学校の体育館を利用した宿泊所
（提供：明石重周氏）

体育館なども利用されている（図3）。

　その背景には学校の大半が公立というスウェーデンの事情があり、ゴシア
カップの開催時には協力体制が整えられている。学校のシャワーや食堂も使
えることで選手へのサービス水準が保たれているが、なかには雑魚寝になっ
ているような施設もある。

移動と情報の環境整備

　日本各地で行われているユース年代向けのサッカー大会では、チーム専用
バスや宿舎所有のバスで選手を送迎するのが一般的である。

　対して、約1800のチームが参加するゴシアカップでは、各チームが個別
のバスで動き回ると、費用面でも環境面でも問題が生じる。そこで活用され
ているのが、前述した路面電車である。

　また、選手や参加者の間では、「ゴシアアプリ」と「ゴシアカード」の二
つが活用されている。ゴシアアプリでは、試合の会場や日程・結果等の各種
データをスマートフォンで閲覧でき、すべての試合のライブ映像も無料で見
ることができる。一方、ゴシアカードは、開会式と決勝の入場券となり、大
会期間中に市内のすべての公共交通機関が乗り放題になるチケットである。

参加費とスポンサーシップで賄う経費

　大会の主たる運営経費は、チームからの参加費で賄われている。行政から
の補助等は一切ないが、ヨーテボリに本社を構える世界最大手のベアリング
メーカーであるSKFがメインスポンサーとなっているほか、グローバルに
展開している大手企業が複数社スポンサーとなっており、これらの協賛によ
り種々の取り組みが可能となり、大会のブランド力を高めている。

　例えば、自費で参加することが難しい途上国のチームを招待したり、障害
者の参加を促進するなどの活動は、それら企業の協力があって実現されてい
るが、そうした活動がゴシアカップの収益を向上させ、BKヘッケンに還元

されるという好循環を生み出している。BKヘッケンは財政状況が良いクラブとして知られており、同クラブにおいてゴシアカップは財政的にプラスに働いていると思われる。

ゴシアカップの魅力

多様な参加チーム

　年代別カテゴリーの中で最上位の18歳のカテゴリーには、ヨーロッパ各国の強豪クラブのユースチームも参加しており、チーム強化の目的を果たす場にもなっている。同時に、有力な若手を発掘しようと、ヨーロッパのクラブ関係者も多数集まる。

　しかし、その他の年代の試合のレベルは、特筆して高いわけではない。選手を強化する目的であれば、他の大会に参加したり、トレーニングマッチを行う方が効果的とも思われるが、ここまで参加チームが増え、大会の規模が拡大したゴシアカップには、何らかの魅力があるのだろう。

　日本からも複数のチームがゴシアカップに参加しているが、その一つであるJリーグのユースクラブの選抜チームでは「選手たちにいち早く国際経

図4　開会式で日本文化をアピールする日本人チーム（提供：明石重周氏）

験を積ませること」「Jリーグの世界的な人脈・ネットワークを広げること」を目的に掲げていた。ほかにも、「サッカーを通じた国際交流」を目的として、開会式で日本文化のアピールに工夫を凝らすチームもある（図4）。

国際交流・国際体験

　ゴシアカップでは、1981年に発表された「ゴシアカップは、肌の色、性別、宗教に関係なく、世界の若者たちの出会いの場となるでしょう」という言葉が組織運営の指針とされている。

　大会のウェブサイトには「世界最大」とともに「最も国際的なユースサッカー大会」と記されているが、その言葉が示す通り、80にも及ぶ国々から参加者が集うゴシアカップの最大の魅力は、「国際交流」「国際体験」にあると言える。ここでは、サッカーが国際交流のための共通言語になっている。

　選手たちにとっては、試合だけでなく、国際交流都市ヨーテボリで過ごす1週間に起こるさまざまな体験がゴシアカップに参加する意義になっている。同市には、美しい魅力的な街並みに加え、北欧最大の遊園地であるリセベリ（フォーブス誌で世界の遊園地トップ10に選定）などの観光スポットもあり、試合以外の時間には観光を楽しめる。また大会事務局では、選手や指導者らが交流できる場やプログラムも用意している。

ゴシアカップの持続的な運営に向けて

　BKヘッケンでは、ゴシアカップの魅力を維持・発展させるために、以下の四つの取り組みに力を入れている。

　1. ゴシアカップ財団による国際的な社会貢献活動

　2. 国際的なマーケティング

　3. ボランティアのマネジメント

　4. FIFA（国際サッカー連盟）の公認の取得

1. ゴシアカップ財団による社会貢献活動

　先の四つの取り組みのうち、特に社会貢献活動は、ゴシアカップの魅力を維持することに重要な役割を果たしている。具体的には、ゴシアカップ財団が中心となり次のような取り組みを実施している。

①ミート・ザ・ワールド

　メインスポンサーであるSKFが海外130カ国で事業展開していることを活かし、世界の20数カ所でプレ大会を開催しており、このプレ大会での優勝チームをSKFが費用を負担してゴシアカップに招待している。これまでに招いた参加者の数は5000人以上にのぼり、この取り組みにより自費で参加が叶わない子どもたちにゴシアカップへの参加機会を提供し、参加国の多様性を高めることにもつながっている（図5）。

②ゴシア・スペシャルオリンピックス・トロフィー

　2011年から、元スウェーデン代表の選手が中心となり開始された取り組みで、知的障害を持つ子どもたちの参加クラスを設けている。

③ゴシアカップ村

　アフリカ中西部のブルキナファソやコンゴ民主共和国にサッカー場やコミュニティハウスを建設し、若者が集える場を整備するとともに、民主主義や平和教育を実施している。

④募金プログラム

　参加機会の少ない国々のチームに参加費用を助成するために、世界中から基金を募っている。

　ゴシアカップで得られた利益や協賛金を活用してこうした活動を進めることは、いわばゴシアカップという商品の価値を維持し、高めるための投資とも言える。もっとも、これらの取り組みは、大会のためのみならず、協賛企業側の意識としてはCSR（Corporate Social Responsibility：企業の社会的責任）的な意味合いも強い。しかしながら、取り組み自体が大会そのものの魅力を維持し続けるための強力なプロモーション活動にもなっていることが、

図5　ヒジャブを着用した女子チームなど多様な国の参加がある（提供：明石重周氏）

ゴシアカップの強味であろう。

2. 国際的なマーケティング

　ゴシアカップは、すでに多くの国々のサッカー界で知られる大会であり、特にPR活動などをしなくても選手や関係者の口コミで情報が広がる好循環が定着しているが、大会事務局では新たな国々への働きかけにも継続的に取り組んでいる。

　新たな国の参加は、何らかの対立や攻撃の火種となることも考えられ、新たなリスクを抱える可能性もある。そのリスクを低減させるために事務局では十分なリサーチを行っているが、そうした手間をかけながらも国際交流の輪を広げるマーケティングを継続していることは、大会のマンネリ化を防ぐとともに、協賛企業の参加動機の強化につながっている。

　実際、このような国際的なマーケティングのおかげで他国の航空会社が協賛企業として参加して選手たちの移動を支援することで参加費が抑えられ、結果として参加の門戸を広げることにつながったケースもある。

図6　ボランティアスタッフの交流
パーティー（提供：明石重周氏）

3. ボランティアのマネジメント

　2500名にのぼるボランティアとビジョンを共有することの重要性が認識
されており、教育の時間を事前に設けている。同時に、ボランティア同士の
交流パーティーも開催するなど、ボランティアのモチベーションのマネジメ
ントにも注力されている（図6）。

4. FIFAの公認の取得

　FIFAの公認は、世界各国へ展開する上で大きな信頼感を与えることがで
きる。FIFAの規定を守ることによる制約も少なくないが、これを上回る効
果があると認識されている。

ゴシアカップが街に与える影響

　スウェーデンの2019年の観光客数は約800万人、観光収入は年間約150
億ドル（約1兆6500億円、国民総生産の2.7％）にのぼる。一方、ゴシア
カップには、関係者を含めると約3.5万人が参加し、その消費額は約4200
万ドル（約46億2000万円）と試算されている。割合で見れば、観光客数で

は 0.5％、観光収入では 0.3％に相当する。

　続けて、宿泊者数で比較してみよう。ヨーテボリの都市圏のホテルベッド数は約 2 万 6 千床、コロナ禍以前の年間の延べ宿泊者数は約 550 万人泊であった。対して、ゴシアカップでは、平均 6 泊で計算すると延べ宿泊者数は 24 万人泊で、割合としては約 4.4％に当たる。

　これらの数字を見てみると、1 週間のイベントであるものの決して小さな割合ではない。

　1 日の宿泊者数で考えると、ホテルベッド数 2.6 万床に対して参加者数 3.5 万人は容量をオーバーしているが、先に紹介したように、学校等を宿泊施設として活用することでそれをクリアしている（コーチや関係者が追加料金を払ってホテルに泊まるチームもあることから、ホテル業界の売り上げにも貢献している）。平均して 1.5 万人泊の街に 2 倍強の 3.5 万人が訪れることで、宿泊施設以外の部分にも影響が及んでいるのではないかと考えたが、開催期間は夏季休暇に重なっていることから 6 万人の大学生が帰省で減少すること、選手の移動に路面電車などを用いていること、基本的な食事は学校の食堂などで賄われていることから、市民生活に大きな支障は生じていない。

　ちなみに、ヨーテボリ市の観光局によると、大会の開催について観光客や市民から苦情が起きたことはなく、多くの市民が大会を楽しみにしており、諸外国からやってくる選手たちを歓迎しているとのことであった。

国際交流都市への飛躍

　市内の二つのサッカークラブから始まったゴシアカップは、こうして世界的なイベントへと発展してきた。人口 60 万人弱の地域に世界 80 カ国から 3 万人を超える若者が押し寄せるインパクトは、決して小さくない。日本で毎年開催されている国民体育大会の参加選手数は約 2 万人で、その 1.5 倍以上の選手が集まるスポーツイベントが、学校施設やグラウンドの提供を除いて補助金等の公的な負担がないまま、民間の力で継続的に開催されていることは注目に値する。

その一連の活動には、国際交流都市としての歴史的な背景と、国際的な企業が数多く拠点を構えるという地域性に沿った理念を掲げること、そして人口の1割を占める学生の休暇期間に余裕が生じる社会資本を有効に活用することにより、賛同者を増やしつつ影響を最小限に抑えている努力が見られる。

　加えて、青少年の国際交流を支援し、SDGsにもつながる各種活動に積極的に取り組むことで、ヨーテボリの都市イメージの向上に結びつけることにも成功している。そうして地域資源を疲弊させることなく、むしろそれを維持・発展させることを、イベントの開催を通して成し遂げている点で、このゴシアカップは極めて優良な「スポーツツーリズム」のコンテンツと言える。

（小野崎研郎）

3章

空き家活用から
交流を生む

若い起業家が集まり、
変化を起こす仕掛けづくり

空き家活用からいかに交流を生むか

全国で増え続ける空き家

　近年、都市部、地方を問わず、さまざまな理由で「遊休不動産」が増加している。その代表例が、居住者がいなくなった「空き家」である。総務省の「平成30年住宅・土地統計調査」によると、2018年10月1日現在、全国の総住宅数6247万戸のうち、空き家は846万戸となっており、総住宅数の何と13.6%を占めるにまで至っている（図1）。

　空き家は統計上、「売却用」「賃貸用」「別荘などの一時利用」「その他」に分けられるが、問題となっているのが「その他」に分類されている「何も用

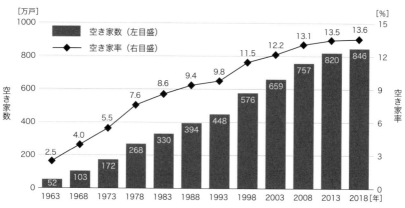

図1　全国の空き家数および空き家率の推移（出典：「2018年度住宅数概数推計結果」をもとに真子誠司氏作成）

途が決まらず放置されがちな空き家」であり、空き家全体の約41%、数にして347万戸を占める。こうした放置された空き家は廃墟化が進んでおり、衛生や治安の問題で近隣住民の生活に悪影響を及ぼしている。

　また、空き家以外にも、商店街の空き店舗、廃校や空き倉庫等、住民の生活空間の中に多くの遊休不動産が存在し、その数は増え続けているのが現状である。

本章で紹介する空き家を活用した交流まちづくり

　そのような状況に対して、国土交通省では「空き家再生等推進事業」を進めており、「空き家の除去」「空き家の活用」の二つの取り組みに対して国が費用の一部を負担する政策を実施している。「空き家の活用」に関する費用負担の割合は、図2の通りである。

　この政策を受けて、社会問題化している遊休不動産を積極的にまちづくりに役立てようとする試みが近年全国的に広がっており、各地で「空き家バンク」が創設されるなど、積極的な活用が図られている。

　本章では、地域内の空き家を活用し交流人口の増大を実現させた三つの事例を紹介する。

　まず最初に、広島県尾道市を紹介する。同市で活動する「NPO法人尾道空き家再生プロジェクト」では、空き家が目立っていた山の手地区におい

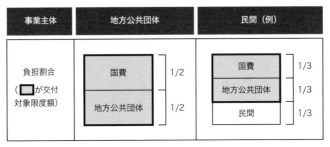

図2　空き家活用における国の支援
（出典：国土交通省「空き家再生等推進事業について」をもとに真子誠司氏作成）

て、これまで100軒以上の空き家を再生させ、市外からの移住や若者のベンチャー活動を支援してきた。加えて、空き家を活用したゲストハウスも自ら運営している。こうした取り組みは、空き家対策を模索する自治体にも参考になるだろう。

二つ目は、徳島県神山町である。同町では、マイクロソフトなどと提携して進めたICT環境の整備が功を奏し、空き家を活用した職住一体型の「サテライトオフィス」を開設するIT／ソフト開発関連企業が増加した。さらに、一定期間業務で滞在する新しい働き方を提案することで交流人口が増加しており、観光目的ではない中長期滞在の事例として注目を集めている。

コロナ禍によりリモートワークが推奨され、都会にこだわらない新たな勤務形態が模索されるなか、神山町と同様の政策を検討している自治体にとっては学ぶべき点が多数あるだろう。

三つ目は、奈良県橿原市今井町を取り上げる。江戸時代の古民家が数多く現存し、「重要伝統的建造物群保存地区」にも指定されている同町では、空き家となった古民家を再生させ、外部との交流の場、学生や研究者を受け入れる場、ベンチャー企業育成の場などに活用しており、空き家率が10％と全国平均を下回る状況を実現させている。

これら三つの事例を次節以降で紹介していくが、例えば神山町では、活用できる空き家が枯渇しているような状況が生じている。そこで、空き家を活用しながら持続可能なまちづくりを目指す自治体が、空き家が枯渇するほど活用が進んだ後にどのようなまちづくりを志向するかについては今後注視して見ていきたい。

まず大事にすべきことは、「どのようなまちづくりを目指すのか」という目標であり、空き家の活用はあくまでも手段の一つにすぎない。たとえ空き家が枯渇したとしても、空き家の活用によって生まれた各種の「交流」や「新たなビジネス」などをさらなる地域資源として、次のまちづくりのステージを模索することが重要である。

（三上恒生）

尾道市（広島県）
空き家再生を通じた交流のしくみ化

尾道市の概要

　尾道市は、広島県の東南部に位置する人口約 13 万 1321 人（2022 年 2 月末現在の住民基本台帳人口）、面積 285.11 km^2 の都市である。市域は南北に細長く、山地に囲まれた北部と、瀬戸内海に面した島々（向島、因島、生口

図 1　空き家に残された不要品の搬出を人海戦術で手伝う（提供：尾道空き家再生プロジェクト）

島ほか）からなる南部に分けられる。

　観光資源としては、中心市街地に残る林芙美子や志賀直哉をはじめとする文人の足跡や、豪商の寄進により建立された多くの古寺が織りなす街並みが代表的である。近年では、本市と愛媛県今治市との間に浮かぶ島々を結ぶ全長約70kmのしまなみ海道（1999年開通）の出発地として、サイクルツーリズムの取り組みも活発化している（2章3節参照）。以降、本稿では、尾道市の旧市街地である山手地区を主なフィールドとして取り組まれてきた空き家再生の活動と、それによる交流人口の創出について紹介する。

尾道市における空き家問題

　まずは、空き家再生の取り組みのきっかけとなった、尾道市における空き家問題について概観する。市が2017年3月に策定した「尾道市空家等対策計画」によれば、尾道市における空き家率は2013年時点で18.2%であり、県平均（15.9%）および国平均（13.5%）よりも高い水準となっている（平成30年度住宅・土地統計調査では20.6%）。さらに、市内での分布状況を見ると、中心市街地を含む中部地域において密度が高くなっている（図2）。

　適切な管理が行われていない空き家は、防災・衛生・景観等に深刻な悪影響をもたらす可能性がある。そこで、市は「尾道市空家等対策計画」を策定し、市民の生命・財産の保護、生活環境の保全、空き家等の利活用を推進している。

　空き家の増加は、程度の差こそあれ、全国的に見られる。しかし、尾道市の旧市街地である山手地区（図3）は、さらに不利な条件を抱えている。市の玄関口である尾道駅に近いという好環境にはあるものの、車が入れないほどの細い路地や斜面地が多く、以下のような事情から更新や改修が進みにくい状況にさらされているのである（図4）。

・建築基準法上の接道義務を満たしていないことから建て替え等が困難
・平地の数倍の改修費がかかる
・生活の利便性が低い

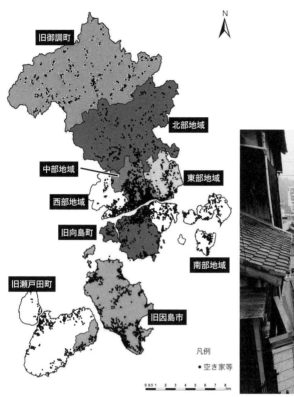

図2　尾道市の空き家等の分布図（出典：尾道市空家等対策計画）　　図4　山手地区の街並み

図3　JR尾道駅から見た旧市街地・山手地区

後述する団体「尾道空き家再生プロジェクト」が空き家再生の取り組みを開始した2007年時点では、尾道駅から2kmの圏内に500軒以上の空き家が分布していたという。

地域資源としての空き家の発掘と再生事業への展開

　このような事情から、一時はまちにとって負の財産となってしまった空き家であるが、今は一転して、人々の交流を生む貴重な地域資源となっている。住居として再生された物件に入居する人がいることは想像しやすいが、それだけではない。再生によりゲストハウスやカフェ、ショップ等の魅力的なコンテンツに生まれ変わった物件への訪問者、再生された空き家をアート活動の拠点にする人など、多様な形で交流が生まれているのである。

　さらに、空き家再生という取り組み自体が交流を生んでおり、空き家再生のDIY作業に参加する人、学習・研究活動の題材にする人などの流れも生まれている。

　こうした一連の変化は、尾道にUターンした豊田雅子氏の個人的なアクションをきっかけとして始まった。

尾道空き家再生プロジェクトの発足

　尾道市に生まれ、坂と路地があふれる環境で育った豊田氏は、大学進学とともに地元を離れた。大学時代はバックパッカーとしてヨーロッパを放浪し、卒業後も海外旅行の添乗員として諸外国を飛び回った。

　30歳を前にした頃、母親の死去をきっかけとして尾道へUターンする。海外旅行の添乗員であった経験も相まって、外国人や若者が安い宿泊費で中長期に滞在し、尾道の風情や文化、生活感を感じられるような宿泊施設が尾道にないことに危機感を抱きつつ、ゆくゆくは自身がそんな場づくりをしたいと考えながら、独自の空き家研究を続けていた。

　そんな豊田氏が2007年に巡りあったのが、斜面に建つ物件「ガウディハ

ウス（旧和泉家別邸）」であった（図5）。その装飾過多な佇まいに加え、1枚ごとに形が異なる階段の段板、防空壕を兼ねた地下室の存在、大工技術の粋を尽くした造りなどに惹かれ、200万円での購入を即決したという。

　ガウディハウスの購入後、大工である夫と2人で再生を始めるが、この時点での空き家再生はまだ個人的な取り組みにすぎなかった。

　その取り組みがその後拡大していくことになるきっかけは、再生作業の様子や尾道の空き家に対する思いなどをブログで発信したことであった。ブログには全

図5　ガウディハウス

国から100人を超える共感のコメントが集まったが、特に豊田氏に気づきを与えたのは、移住に関心を持つ人たちからのコメントが目立つことであった。そこで、「個人的な取り組みでは、一生かかってもせいぜい1〜2軒の空き家再生が限界。でも、移住のために空き家を求める100人がそれぞれ1軒ずつ再生に取り組むことで、そのスピードは速まるのではないか」と考えるようになった豊田氏は、空き家再生の担い手の受け皿となる団体として「尾道空き家再生プロジェクト」を2007年に設立し、翌年にNPO法人化したのであった。

空き家再生の事業化

　2007年に設立された空き家再生プロジェクトは、年を追うごとに事業範囲を拡大させている（図6）。

　最初期から一貫して取り組まれている基幹事業が、空き家を自ら購入もしくは賃借し、改修してサブリースする空き家再生事業である。後述する「北

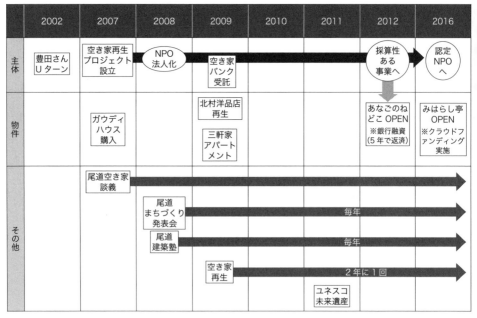

	2002	2007	2008	2009	2010	2011	2012	2016
主体	豊田さんUターン	空き家再生プロジェクト設立	NPO法人化	空き家バンク受託			採算性ある事業へ	認定NPOへ
物件		ガウディハウス購入		北村洋品店再生／三軒家アパートメント			あなごのねどこ OPEN ※銀行融資（5年で返済）	みはらし亭 OPEN ※クラウドファンディング実施
その他		尾道空き家談義	尾道まちづくり発表会／尾道建築塾	空き家再生	毎年／毎年／2年に1回	ユネスコ未来遺産		

図6　尾道空き家再生プロジェクトの活動年表（出典：公開資料やヒアリングをもとに筆者作成）

村洋品店」（2009年2月完成）や「三軒家アパートメント」（2009年10月完成）などが該当し、地域に愛される拠点として親しまれている。この事業により、現在まで18軒の物件が再生されている。

　なお、空き家再生プロジェクトでは、空き家の再生作業を工事業者へ丸投げせず、できるだけセルフビルドの手法を採用するようにしている。この一環として当初から取り組まれているのがDIYイベントの「尾道建築塾」である。再生作業中の現場を舞台に、大工や左官職人等に教わりながら実際の作業を体験するもので、夏には1週間滞在する合宿形式でも実施されている。

　また、2009年から新たに開始したのが、市の「空き家バンク」事業の受託である。諸事情により民間の不動産流通市場で取り扱うことが難しい建物を希望者に紹介するもので、同内容の事業は現在でこそ全国各地で取り組まれているが、尾道市は同事業をいち早く開始した自治体であった。しかしながら、当初は市の窓口業務の一つに過ぎなかったため、通常の開庁時間であ

る平日の日中しか相談に応じられず、マッチング実績も少なかった。そこで空き家再生プロジェクトでは、土日や夜間の対応を可能にしたほか、物件情報をウェブ上で閲覧できるしくみも導入した。結果、マッチング件数は飛躍的に伸び、登録されている空き家件数が不足するほどの状況になっている。

その後、それまで扱いにくかった大型の空き家の再生にも着手している。その第1号が、ゲストハウス「あなごのねどこ」（2012年12月開業）である。この物件では、他の再生物件のようにテナントとなる事業者を探すのではなく、空き家再生プロジェクト自らが事業主体となって宿泊事業を展開していることが特徴である。その手法は、2016年4月に開業した二つ目のゲストハウス「みはらし亭」でも採用されている。なお、文中で触れた各物件の概要は後述する。

空き家再生プロジェクトの成果

空き家再生プロジェクトの取り組みは、課題解決のみならず、まちの魅力の向上や来訪者の増加など、尾道のまちにも変化をもたらしている。

その成果にはさまざまなものがあるが、大きくは以下の二つに分けることができる。

1. 再生された空き家をプラットフォームとした新規コンテンツの創出
2. イベントや移住者支援の取り組みによる交流人口・関係人口の創出

これらの成果について、対応する具体的な取り組みとあわせて紹介する。

1. 再生された空き家をプラットフォームとした新規コンテンツの創出

空き家再生プロジェクトが再生を手がけた物件は、居住用物件として新たな住み手に提供されることも少なくない。一方で、それまで地域になかったコンテンツや機能がインストールされるプラットフォームになっている物件も多い。そこでは、再生された物件がまちの新たな魅力となり、域外からの人の流れを生み出す原動力となっている。

以下、代表的な物件を紹介しながら、空き家再生プロジェクトが創出してきた地域資源の内容をまとめる。

北村洋品店

次に紹介する「三軒家アパートメント」とともに空き家再生プロジェクトが初期に手がけた物件で、2007年に再生に着手された。昭和30年代に建てられた、とんがり屋根が特徴的な木造2階建ての建物で、もともとは「子ども銀座」と呼ばれたかつての商店街の一角をなす洋品店であった（図7）。

図7　北村洋品店（提供：尾道空き家再生プロジェクト）

20年近く空き家となっていたため、雨漏りや腐食、シロアリなどによりかなり傷んではいたものの、元洋品店としてのレトロな面影や残存品の存在に惹かれたという。活動初期であったこともあり、より多くの人に「家を再生することの面白さ」を感じてもらい、「みんなで家をつくる」ことを学ぶ物件として再生することが決まった。

2009年にオープンした建物は、1階は誰でも利用できるサロン、2階はリサイクルや手づくりの商品を販売できるスペースとして活用されており、空き家再生プロジェクトの事務所も入居している。

三軒家アパートメント

尾道駅裏すぐという好立地ながら、風呂なし・トイレ共同だったアパートが全棟空き室の状態で放置されていた。空き家再生プロジェクトではこの物件を、建物の風情を活かしながらクリエイターが創作・発信する拠点として、2009年に再生させた（図8）。

2021年現在、カフェ、マッサージサロン、レコードショップ、多肉植物

右：図8　三軒家アパートメント
下：図9　2020年12月に開催された
オープンアパートメントの様子（出典：
三軒家アパートメントのFacebook）

の販売店、ハンドメイド洋服店、デザイン事務所、古書店、再生物件から発掘された古物の販売店が入居しており、入居者間のコミュニケーションも盛んである。また、「オープンアパートメント」という交流イベントも頻繁に開催されており、来訪者と入居者の交流も活発である（図9）。

あなごのねどことみはらし亭

空き家再生プロジェクトでは小規模な空き家の再生に数多く取り組む一方で、大規模な物件の再生は、技術や資金等の事情から後手に回らざるをえなかった。

そんななか、商店街の真ん中で空き家のまま長年放置されていた大型の町

上：図10　あなごのねどこ
下：図11　みはらし亭（提供：尾道空き
家再生プロジェクト）

家の再生について、相談が寄せられた。検討の末、NPO として安定的な収入を得る必要性、歴史的な建物の次世代への継承、尾道に移住してきた若者の雇用創出といった観点から、2011 年、再生に着手することを決める。政策金融公庫からの借り入れを活用しながら資金を調達し、再生を実現させた。

　間口 3.6m に対して奥行きが 40m に及ぶ細長い物件は、2 階がゲストウス「あなごのねどこ」、1 階が「あくびカフェー」として再生され、2012 年にオープンした（図10）。

　その後、坂の上に建つ、かつて旅館として使われていた築 100 年近い別荘建築の再生にも取り組み、ゲストハウス「みはらし亭」として 2016 年に

開業している（図11）。この物件では、政策金融公庫からの借り入れのほか、補助金や助成金、さらにはクラウドファンディングも活用して資金を調達し、再生を実現させている。

　これらのゲストハウスをオープンさせたことで、それまで尾道に不足していた「若者が安く宿泊できる場所」が提供され、来訪者の増加につながっている。また、取り組みを通じて増え始めた移住者の雇用の受け皿にもなっている。さらに、稼働率の高さから経営も安定しており、NPOの主要な収入源にもなっている。

2. イベントや移住者支援の取り組みによる交流人口・関係人口の創出

　空き家再生プロジェクトが創出した交流まちづくりのエッセンスは、再生させた物件だけにとどまらず、空き家再生のプロセスに織り込まれたさまざまな工夫や、再生後のソフト面での取り組みにも見ることができる。

尾道建築塾

　空き家再生プロジェクトの取り組みの大きな特徴の一つは、さまざまな場面において「人を巻き込む」仕掛けを織り込み、関わる人の輪を広げてきたことであろう。それを体現する取り組みの一つが、2008年から毎年開かれているイベント「尾道建築塾」である。

　尾道建築塾は、「たてもの探訪編」と「再生現場編」の二つに分かれている。「たてもの探訪編」では、尾道の町並みを専門家とともに散策したり、ユニークな建物を訪問見学できる。有名な寺社や坂道だけでなく身近な建築物の魅力を伝えている点に特徴がある。

　一方、「再生現場編」では、大工や左官職人の手ほどきを受けながら実際の作業に参加することができる（図12）。遠方からの学生や社会人を対象とした合宿形式の「尾道空き家再生！夏合宿」も、2年に1回程度開催されている。

　こうした取り組みは、地域の内外を問わず幅広い人々に対して、個人とし

図12　2019年に開催された尾道建築塾の「再生現場編」の様子（提供：尾道空き家再生プロジェクト）

て尾道の取り組みに関わることができる機会の提供につながっている。しかも、学習・体験のみにとどまらず、豊田氏をはじめとした空き家再生のプレイヤーのほか、生き生きと暮らす尾道への移住者と交流する機会も得られることが重要である。それにより、「また会いに来たい」という尾道への愛着が生まれ、交流人口・関係人口の増加につながっている。

おのみち暮らしサポートメニュー

　空き家再生プロジェクトでは、移住希望者と空き家のマッチングを支援する取り組みも進めているが、市から受託している「空き家バンク」はあくまで物件を紹介する機能しかなく、移住促進に向けた取り組みの一部分に過ぎない。

　そこで空き家再生プロジェクトでは、想定されるさまざまなシーンに応じた支援を「おのみち暮らしサポートメニュー」としてワンストップで提供している。例えば、空き家の所有者を対象としたメニューでは、意向調査や空き家バンクへの登録、改修・管理の代行などが用意されている。また、新規移住者を対象としたメニューとしては、改修のアドバイスや専門家の派遣、空き家片付け隊の派遣、改修作業の補助、道具の貸し出しなどが実施されている。

　なかでも特徴的なメニューが、空き家片付け隊の派遣である。前述の通り、尾道では多くの空き家が斜面地に立地しており、階段も多く、道路も狭いこ

とから、空き家の前に軽トラックを駐車することもできない。しかし、屋内には従前の所有者が放置した不用品が残っていることも多いため、その搬出が最初の大きなハードルとなる。このような事情から、地元の飲食店グループである「いっとく」の店長らによって組織された「土嚢の会」が、人海戦術によるリレー方式で片付け作業をイベント化し、移住者のスタートアップを助けている（図1）。

こうしたサポートは、移住者の増加のみならず、移住者の生活満足度を高め、コミュニティへの定着を促進する一助にもなっている。

NPO法人尾道空き家再生プロジェクトの概要

本項では、以上のような空き家再生を通じた交流まちづくりの活動を展開している空き家再生プロジェクトの、組織としての顔を紹介する。

設立までの経緯

「尾道空き家再生プロジェクト」は豊田氏が2007年に開設した任意団体を母体としており、空き家バンクの事業受託に法人格が必要であったことから、2008年にNPO法人となった。その後、2016年には認定NPO法人になっている。

豊田氏は、「最初から事業を拡大しようとは、まったく思っていませんでした。主婦として子育てをしながらできるボランティアとして取り組むなかで、空き家に対するニーズの大きさに気づきました。移住者やUターン者に仕事をつくらなければという思いや、建物の所有者の方からの相談が増えたことなどに対応しているうちに、こうなっていました」と語る[1]。

スタッフの構成

空き家再生プロジェクトの役員名簿によれば、2021年7月28日時点で正

会員75名、賛助会員50名、個人賛助会員37名、ボランティア会員31名となっており、メンバーは計193名にのぼる。代表理事である豊田氏を含む理事9名、監事2名で、大学教員や建築士、不動産会社社長、デザイナーなどの多様な分野の専門家で構成されている。また、同団体が運営している「あなごのねどこ」「あくびカフェー」「みはらし亭」については、それぞれに店長を配置している。

　豊田氏の役職は代表理事だが、有する権限は他の理事と変わらない。NPOとして重要な決定事項は、月に一度開催する役員会で決定するほか、内容によっては総会を開催し、3分の2以上の賛成で議決している。

収支状況

　尾道空き家再生プロジェクトが公開している第13期（2019年8月1日〜2020年7月31日）の決算報告書によると、資産規模は約5900万円で、そのうち流動資産が約970万円となっている。流動比率は約150％で、経営は安定していると言える。

　一方、経常収益は約5800万円で、そのうち「あなごのねどこ」と「みはらし亭」による宿泊事業の収益が約32％（約1900万円）、「あくびカフェー」によるカフェ事業の収益が約29％（約1700万円）を占めている（なお、2020年は新型コロナウイルス感染症の影響による収益低下が見られる。参考として、第12期での宿泊事業収益は約2700万円、カフェ事業収益は約2200万円であった）。

空き家再生の取り組みにより生じた効果

　空き家再生プロジェクトの取り組みによって、尾道にどのような効果が生じたのだろうか。ここでは、実際に起こった変化について、交流まちづくりの観点から紹介したい。

移住者の増加

　移住に限らず、人が転居を決断する要因は極めて複合的である。したがって、居住地の変更という決断が特定の取り組みにどの程度影響されたかどうかは、定量的に調査できるものではない。空き家再生プロジェクトの取り組みが移住者の増加・定着に寄与している蓋然性は高いと考えられるが、その因果関係は厳密に示せるものではない。

　尾道のポテンシャル向上に関しては、2006 年にしまなみ海道が完全開通し、サイクリストの聖地としてブランド化されたこと、2015 年と 2016 年に 2 年連続で日本遺産の認定を受けたことも追い風になったと考えられる。

　また、豊田氏とほぼ同時期に尾道に移り住んだ村上博郁氏が 2012 年に開設した NPO 法人「まちづくりプロジェクト iD 尾道」（以下、iD 尾道）も、若者を吸引しており、交流まちづくりを担う主体の一つに数えられる。

　その上で、望月徹氏の研究[*2]を引用しながら、空き家再生プロジェクトや iD 尾道等を介した移住者数の推移を確認する。

　表 1 は、尾道の斜面地に移住してきた人数の推移を示したものである。最下段には、その数を尾道斜面地の人口で除した割合を付記している。2007年時点では移住者の割合は 1 割弱に過ぎなかったが、10 年後の 2017 年には 3 割弱にまで増大していることがわかる。移住者数全体の増加ペースを見ても、2007 年から 2012 年までに約 1.6 倍、2012 年から 2017 年までにさらに

表 1　尾道市の斜面地における移住者数の推移

区分	2007 年	2012 年	2017 年
尾道空き家再生プロジェクト	50 人	90 人	180 人
iD 尾道	30 人	60 人	120 人
その他	40 人	40 人	40 人
合計	120 人	190 人	340 人
割合	9.6%	15.2%	27.1%

（出典：望月徹「尾道中心市街地への若い移住者集積のメカニズム」『日本国際観光学会論文集』第 25 号、2018 年）

約1.8倍となっており、加速化の傾向が読みとれる。

　この状況について、望月氏は、「(尾道空き家再生プロジェクト、iD尾道、「いっとく」グループの) 3者が空き家再生の尾道、自由な尾道、食の尾道の新たな魅力を想像し、身の丈で尾道の魅力を促進している。これが、ヒューマンスケールのまちづくりの意義であり、尾道斜面地に若い移住者を惹きつける原動力である」と述べている。

地域コミュニティの再活性化

　空き家再生の取り組みは、移住者や来訪者の増加といった外部的な変化と同時に、地域の内部にも質的な変化をもたらしている。具体的には、移住者による地域コミュニティの再活性化である。

　全国的に、自治会・町内会などの地縁組織は、少子高齢化や人口減少、ライフスタイルの変化等により、加入率の低下や担い手の高齢化に直面しており、活動の継承が年々難しくなっている。ましてや、地形という構造的な要因により空き家が増加してきた尾道の旧市街地では、事態はより深刻となる。豊田氏も当初からそうした課題意識を持っており、「地域コミュニティの再構築」をNPOのミッションの一つに掲げていた。そのようななか、空き家再生プロジェクトの取り組みにより移住者が増加した東土堂町において、変化の萌芽が見られたという。

　東土堂町では、移住者の増加に加えて、移住者の出産が重なり、地区の平均年齢が大きく低下していた。2017年、高齢であった当時の町内会長が後任を移住者の中からくじで選出することを提案、実施したところ、移住して間もない独身の若い女性が選ばれたという。そこで、新任の町内会長をサポートするために、移住者を中心とする約20名が立ち上がり、「執行部」を発足させた。さらに、この執行部の発足により、町内会としてこれまで継承・維持が前提であった取り組みに関する必要性の見直し、会計の簡素化・デジタル化といった改革がスタートした。

　こうした取り組みは移住者が中心となって生まれているが、もともとの地

域住民の間にも、改革に取り組む移住者に対する信頼感は大きくなりつつある。尾道への移住の流れは約20年前に始まった出来事であり、初期の移住者はすっかり「地の人」として定着している。地域住民側からしても、進学や就職でまちを出て行った自身の子どもが尾道に帰ってこないこともあり、高齢者の生活を助けてくれたり、地域に根差した振る舞いをしてくれる若い移住者をすっかり信頼しているという。そこには、開港から850年の歴史を有する港町としての開放的な気質も影響しているのかもしれない。

交流まちづくりから見たポイント

最後に、空き家再生プロジェクトの取り組みについて、交流まちづくりとしてのポイントを整理しておきたい。

「交流」のしくみ化

交流まちづくりとしてのポイントの一つは、空き家再生という取り組みに「交流」の仕掛けを丁寧に組み込んできたことである。「1人が一生で再生できる空き家が1軒だとしても、100人いれば100軒を再生できる」という豊田氏の理念のもと、「みんなで空き家再生に取り組む」ムーブメントがつくられている。

具体的には、NPOをつくり、取り組みに共感する人々の受け皿を整え、空き家の再生作業を公開イベント化することで地域内外の人々が関与することのできる「関わりしろ」をつくった。また、再生された空き家を移住希望者に紹介するだけにとどまらず、店舗やゲストハウスをはじめとして地域の魅力向上につながる機能を付与したことも重要である。さらに、移住を決めた人々に対して改修相談や片付け支援などの暮らしをサポートするメニューを幅広く用意していることも、交流を促進しており、結果として移住者の地域への定着につながっている。

メンバーの多様性とまちの魅力向上

　二つ目のポイントは、交流まちづくりを担っているメンバーの、固定的でない、関わり方のグラデーションの存在である。豊田氏をはじめとして最前線で空き家再生に取り組むメンバー、特定の店舗で一国一城の主としてまちを盛り上げる人々、「土嚢の会」のように要請に応じて祝祭イベント的に移住者を支援する人々、移住者同士で支えあうコミュニティなど、さまざまな関係のつながり方が混在している。彼らは「交流まちづくり」という同一の目的のもとで結束しているわけではないものの、結果として、訪れたくなるまち、移住したくなるまちとしての尾道の魅力向上につながっている。

非日常の「観光」でなく日常の「交流」を提供

　三つ目のポイントは、尾道空き家再生プロジェクトが整備した宿泊施設が「ゲストハウス」であることが重要な役割を果たしている。一言で言えば、名旅館やホテルなどのあらかじめ用意された非日常や利便性を味わう観光ニーズとの差別化である。こうした通常の観光とは異なる、地域の日常を体験したり、面白い人との出会いを志向する「交流」の旅がある。

　この点については、豊田氏も次のように語っている[3]。「まちの素の状態というか、住むような感覚を味わってもらいたい。非日常ではなく、ゲストハウスに連泊しながらまちの個性あふれる日常に入り込み、居酒屋さんに行って知らない人と話したり、まちの歴史を深く味わったりすることで、行きつけのお店ができたり、知りあいができたりします。挙句の果てには仕事を紹介してもらって、移住を決めた人もたくさんいます」。　　　　　　（今場雅規）

＊1　豊田雅子氏へのヒアリング（2020年12月25日）
＊2　望月徹「尾道中心市街地への若い移住者集積のメカニズム」『日本国際観光学会論文集』第25号、2018年
＊3　豊田雅子氏へのヒアリング（2020年12月25日）

3-3

神山町（徳島県）
町内外の多彩な主体が活動しやすい風土をつくる

神山町の概要

　神山町は徳島県東部に位置する面積 173.31 km²、その町域の約 83 ％を山地が占める緑豊かなまちである。まちの中央を吉野川の支流である鮎喰川が西から東へと流れ、川沿いの平地に人家と田畑が寄り集まる美しい渓谷の町並みが広がる（図1）。県都の徳島市に隣接し、町役場のある神領地区までは、

図1　渓谷に広がる神山町 （出典：神山町のウェブサイト）

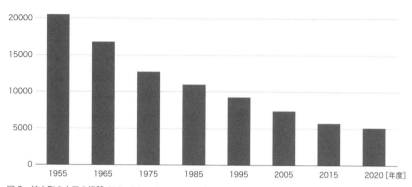

図2　神山町の人口の推移（出典：神山町の人口と世帯数のデータをもとに石塚俊輝氏作成）

徳島市の中心部から車で約45分、徳島空港からは1時間ほどの距離にある。

　1955年に五つの村が合併して神山町が成立した際には約2万人の人口を有していたが、2020年度時点で約5千人にまで減少している（図2）。高齢化率は50％（2015年国勢調査）を超えており、徳島県平均の31％に比べても高齢化が著しい。

　神山町産の杉は「神山杉」と呼ばれ、かつては町の主要産業として林業が盛んであったが、現在は衰退している。また、四国霊場八十八ヶ所の12番札所である焼山寺が町内に立地し、お遍路さんが巡礼のために訪れるまちとして知られる。

移住者を呼ぶ神山町の気風

　このように高齢化と衰退の一途を辿っていた神山町だが、近年、東京の複数のIT企業などが町内に事業所・サテライトオフィスを開設し、クリエイティブ層を中心とした若い世代の移住が活発化しており、注目を集めている。そうした動きを後押しした地域資源としては、「高速インターネット回線の整備」と「自然豊かな生活環境」の二つがまずは挙げられる。

「高速インターネット回線の整備」については、2003〜11年に実施された地上アナログ放送のデジタル化への移行に伴い、徳島県で全県的に推進されたものである。それまで徳島県内では阪神地域の放送局の電波も届くことから10局近くの放送が視聴可能であったが、地デジ化以降は阪神地域の放送が受信不能となり、視聴可能局が地元の四国放送とNHK総合・教育の3局のみに減る予定であった。

　そこで徳島県ではそれまでの放送環境を維持できるように、「全県CATV網構想」を打ち出し、ケーブルテレビ局から各戸へ光ファイバー回線で番組を配信するため、全県に光ファイバー通信網を整備した。

　しかし、神山の最大の地域資源は、自由さが感じられる風土と、その風土を耕し高めてきた住民である。なかでも、後述する「NPO法人グリーンバレー」の活動は神山の気風の醸成には欠かせなかった。

　テレビ番組等の映像コンテンツの企画・開発などを手がけ、町内の古民家を改修して「えんがわオフィス」（後述）を開設した、株式会社プラットイーズの代表取締役を務める隅田徹氏は、「通信環境、災害リスク分散などの条件を満たす候補地としては神山町以外にもいくつかあったが、神山の独自の気風や自由さがオフィス開設の最終的な決め手となった」と語っている[1]。

　この神山が持つ独特の自由な気風、「ゆるさと」とも言い表される風土は、いつ頃からどのように生まれたのだろうか。以降で、その経緯を見ていこう。

グリーンバレーによるまちを耕す活動

　神山がそのような自由な気風を有する背景には、前述したグリーンバレーによる「地域を耕す」活動がある。現在はアートプロジェクトや移住交流支援などが主要な活動として実施されているが、創設メンバーの大南信也氏らの活動は1991年の神領小学校でのPTA活動に遡る。その活動の概要は、以下のとおりである。

1990年代に始まった国際交流活動

　第二次世界大戦前の日米友好事業として贈られた西洋人形を送り主のもとへ里帰りさせる活動組織として、1991年に神領小学校のPTAが中心となって「アリス里帰り推進委員会」が発足された。同委員会では、地域の子どもたちを連れて渡米し、草の根の国際交流活動を開始している。

　その後、1992年に組織を「神山町国際交流協会」に発展させ、徳島県の小中高校で英語の指導を行うALT（Assistant Language Teacher：外国語指導助手）の受け入れをスタートさせた（1993〜2005年）。数十人の外国人の若者が町内の各戸にホームステイし、これにより地域に毎年一定期間、多数の外国人が滞在する環境がつくられることになった。

　1999年からは、国内外のアーティストを数カ月間受け入れ、作品を制作してもらうアーティスト・イン・レジデンスの活動を開始した。徳島県の国際文化村構想に触発され開始された取り組みで、県・町の補助金を受けつつ、神山町国際交流協会が中心となって運営している。アーティストと地元住民が共同で取り組むプログラムも多数行われており、2002年頃からは参加したアーティストの一部に移住者も現れ、同協会がそれを支援している。

2000年代から本格化した移住支援活動

　2004年、前述の神山町国際交流協会を前身として「NPO法人グリーンバレー」が設立された。同法人では、「日本の田舎をステキに変える！」を合言葉に「移住支援」を軸とした事業を展開している。そのビジョンは、下記の三つである。
　　・「人」をコンテンツにしたクリエイティブな田舎づくり
　　・多様な人の知恵が融合する「せかいのかみやま」づくり
　　・「創造的過疎」による持続可能なまちづくり
　具体的には、以下に挙げるような活動を実施している。

①移住交流支援事業（2007年〜）

　神山町から業務を委託されている事業で、民間目線から移住してほしい人（職種）を逆指名し誘致する「ワーク・イン・レジデンス」の取り組みを展開している。神山のような就労先が限られる過疎地域において、進出・起業してほしい職種を指定しているのが特徴である。

②ウェブサイト「イン神山」（2008年〜）

　神山の魅力やアート活動などの地域情報を移住者向けに発信するウェブメディアで、2016年以降は一般社団法人神山つなぐ公社と共同で運営されている。

③空き家改修プロジェクト（2010年〜）

　空き家を改修し、移住者がお試しで滞在・業務できるオフィス兼住宅を整備している。改修に際してはデザインにも工夫を凝らし、須磨一清氏、坂東幸輔氏、トム・ヴィンセント氏らが設計を担当した。

図3　神山バレー・サテライトオフィス・コンプレックス（出典：イン神山のウェブサイト）

図4　神山バレー・サテライトオフィス・コンプレックスのシェアオフィス

④神山塾（2010年〜）

　厚生労働省の求職者支援制度を活用した、若者向けの地域人材育成事業を展開している。半年間にわたり町に移住してもらう滞在型の職業訓練で、参加者の約4割がプログラム実施後も町に残る成果を上げている。

⑤神山バレー・サテライトオフィス・コンプレックス（2013年〜）

　旧縫製工場を改修したシェアオフィスを開設し、レーザーカッターなども備え、ファブラボ的な機能も果たしている（図3、4）。

次の世代のためのまちづくりのフェーズへ

神山町地方創生戦略「まちを将来世代につなぐプロジェクト」

　2015年、神山町は「神山町地方創生総合戦略『まちを将来世代につなぐプロジェクト』」を策定した。単なるお仕着せの行政計画ではなく、若手職員や地域住民を巻き込みながら実施していく具体的なプロジェクトと担当者が設定されている。プロジェクトの一部を以下に紹介する。

①フードハブ・プロジェクト

　農業の担い手づくり、レシピ考案、食堂運営、地域内循環などの取り組みを通して、地産地消を推進するプロジェクト。2016年に、神山町、一般社団法人神山つなぐ公社、株式会社モノサスの共同により「株式会社フードハブ・プロジェクト」が設立された。フードハブ・プロジェクトでは、食堂「かま屋」とパンと食品を販売する「かまパン＆ストア」を運営しており、共同代表の一人、真鍋太一氏をはじめ移住者を中心としたスタッフが、地元の農家等と連携しながら事業を推進している。

②大埜地地区の集合住宅プロジェクト

　空き家の供給不足、若い世帯向けの住宅不足を解消するために、かつて町内の遠方から中学校へ通う学生のための寄宿舎「青雲寮」があった大埜地地区の土地に集合住宅を新設するプロジェクト。地元の大工・工務店が受注できる規模として木造2階建ての住宅の建設を進めている（図5）。町産材の

図5　大埜地地区の子育て向け住宅（出典：イン神山のウェブサイト）

認証制度が確立されており、町産材を使用し、木質バイオマスボイラーによるセントラルヒーティングを採用することで、地域内循環が実現されている。集合住宅は2021年春に竣工し、既に満室状態で、町内出身者のUターン、町外からのIターン者など67名が入居している。

神山まるごと高専プロジェクト

　現在、神山では2023年の開校に向け、4人の起業家（寺田親弘氏、大蔵峰樹氏、山川咲氏、伊藤直樹氏）が私立の高等専門学校「神山まるごと高専（仮称）」を新設するプロジェクトを進めている。学生数は200名、5年制・全寮制の学校で、ITやAI、プログラミングといった最先端技術、デザイン・アート、コンセプトメイク、心理学・哲学、論理的思考、ディベートなど幅広いカリキュラムに加えて、神山全体を学びの実践の場として活用し、起業家精神を持った人材を育てる次世代型の学びの場が生まれる予定である。

　以上のように、神山では、1990年代からのグリーンバレーの活動が地域を耕し、行政や地元住民、移住者、町外の起業家までをも巻き込んで、新しいプロジェクトが次々に起こる土壌が育まれてきた。グリーンバレーをはじめとする民間の活動では、一部で行政の補助金なども利用されてはいるが、基本的には自身で実現できる規模で行うことが大前提となっており、失敗しても許される自由な環境の中で「まずはやってみよう」というチャレンジ精

神が感じられる。また、そうした活動がトップダウンではなくボトムアップで同時多発的に生まれ、それぞれの活動が連携しているのも特徴的である。

多彩な活動でまちはどのように変わったか

これまで紹介してきた多彩な活動により神山にどのような変化が生まれたか、以下に整理する。

町内人口の改善・増加

一連の活動により、神山では、サテライトオフィス等の立地や神山塾による交流人口の増加が見られ、職場の増加に伴う移住者、特に若いクリエイティブ層の流入人口が増加した（図6）。結果として、2011年度に一度、2019年度、2020年度と続けて人口の社会増が社会減を上回るなど、人口減少に明らかに歯止めがかかっている。

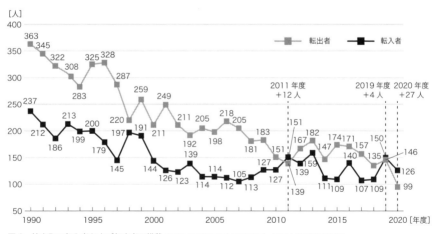

図6　神山町の転入者および転出者の推移（出典：神山町の人口と世帯数のデータをもと石塚俊輝氏作成）

ワーク・イン・レジデンスの活用による寄居商店街の再生

　先述のワーク・イン・レジデンスの活動により、旧街道の町並みが残っていたものの空き家が目立っていた寄居商店街に新たな入居者が集まった。趣きのある古い木造建物がサテライトオフィスや店舗に生まれ変わり、活気を取り戻している。旧造り酒屋の建物を改築した「B&B On y va & Experience（旧カフェオニヴァ）」は、移住者 2 人が開業した南仏家庭料理のビストロおよび 1 組限定の宿泊施設で、連日大変賑わっている。週休 3 日制を採用し、年に一度長期休暇を設けてスキルアップや別のプロジェクトも展開するなど、従来にないビジネスモデルでも注目を集めている。また、先に紹介した神山塾の参加者が町に移住して事業を始めるケースも増えており、寄居商店街で開業したオーダーメイドの靴屋「リヒトリヒト」も塾生の店舗である。

サテライトオフィスの集積

　2019 年 10 月現在、神山にサテライトオフィスを開設した企業は 16 社にのぼる（表1）。そのうちの 2 社を紹介する。

① Sansan 株式会社

　クラウドによる名刺管理サービスのベンチャー企業で、2010 年に町内初のサテライトオフィスを開設した。当初は研修目的の短期滞在型の利用であったが、神山での勤務を希望する社員が現れ、現在は数名がサテライトオフィスに勤務している。創業者の寺田親弘氏は、先述の神山まるごと高専プロジェクトに出資しており、創業メンバーの 1 人でもある。

②株式会社プラットイーズ

　テレビ番組等の映像コンテンツの企画・開発や業務運用、システム開発を行う会社で、先に紹介したサテライトオフィス「えんがわオフィス」を2013 年に開設した（図7）。神山にサテライトオフィスを構える企業のうち、常時の勤務者数が最も多い（2017 年 10 月時点で 23 名）。代表取締役の隅田徹氏は、町に短期滞在する人向けの宿泊施設「WEEK 神山」の取締役も務

表1　神山町にサテライトオフィスを開設した企業（2019年10月現在）

オフィス開設時期	社名	業績
2010年10月	Sansan	IT関連
2012月3月	ダンクソフト	IT関連
2012年3月	ブリッジデザイン	IT関連
2012年5月	ソノリテ	サービス
2012年10月	キネトスコープ	IT関連
2013年7月	ドローイングアンドマニュアル	デザイン
2013年7月	プラットイーズ	番組制作＆IT
2013年7月	えんがわ	コンテンツ制作
2014年8月	リビングワールド	デザイン、商品開発
2015年2月	JAZY国際特許事務所	知財コンサル
2016年5月	パイロット	IT関連
2016年9月	TERADA 3D WORKS	自動車モデリング
2016年9月	MORIG CHOWDER	デザイン
2016年9月	フィッシュグローブ	IT関連
2016年11月	モノサス	IT関連
2017年5月	代官山ワークス	サービス

（出典：とくしまサテライトオフィスプロモーションチームのFacebookをもとに筆者作成）

図7　えんがわオフィス

めている。2015 年に開業した WEEK 神山は、すぐには神山に常駐を決められない企業が短期的に業務を行ったり、研修や視察に対応したりといった機能を持ち、移住者だけでなく滞在型の交流人口増に貢献しており、地域住民からの出資により運営会社が設立された。

神山の取り組みに学ぶこと

自前主義と移住者との対等な関係性

　神山の取り組みは、端緒に何か大きな計画や狙いがあったわけではなく、「何か面白いことをやってみよう」という地域住民の素朴な気持ちから出発しており、各種事業が大きくなってからもその気持ちは変わらない印象を受ける。

　それらの取り組みを概観すると、身の丈に合わせた規模での運営に加え、行政や外部のコンサルタントに過度に依存しない自前主義でノウハウと人脈を築き上げてきたことが、現在の成果に結びついている。そうした姿勢は、地域住民のホームステイの受け入れ体制、ワーク・イン・レジデンスやアーティスト・イン・レジデンスの入居者をネームバリューでなく地域主体で選定するしくみ、住民出資による事業運営などに現れている。

　また、移住希望者に対しては、移住を期待するプレッシャーをかけたり、補助金等の優遇策で誘致したりせずに、あくまで民間対民間、人対人の対等な関係性を重視しており、そうした気風が成功につながっている。

共創と地域内循環

　豊かな自然や通信インフラ環境のみで移住合戦・企業招致合戦に挑んでも競合は多い。また、農産物のブランド化を進めても競争にさらされることになり、地域のモノカルチャー化にもつながりかねない。

　対して、神山では、地域内の農産物を加工し地域内で消費し、地域の建物

は地域産材で地域の職人が施工するなど、地域内で連携し循環するものづくりが志向されている。

コロナ禍におけるサテライトオフィスのメリット

　2020年9月に現地を取材した当時、コロナ禍の影響で各サテライトオフィスではテレワークが実施されていた。隅田氏によると、本社とサテライトオフィスが分かれていることで、平時からリモートで業務を行ってきたため、コロナ禍においてもスムーズに在宅勤務に移行できたそうだ[2]。また、東京の本社が出社不可能となった際に、神山のオフィスに数名出社し、業務機能を継続できたことをメリットに挙げる企業もあった。　　　　　　　　　（林明希人）

＊1　2020年9月3日に開催されたサテライトレクチャーでの隅田徹氏の発言
＊2　2020年9月3日に開催されたサテライトレクチャーでの隅田徹氏の発言

3-4

橿原市今井町（奈良県）
歴史的町並みを活かした、まちを学ぶ交流

今井町の概要

　橿原市今井町は奈良県の中部に位置し、大阪や京都から鉄道で1時間程度
の距離にある、人口約1千人の町である。戦国時代から寺内町の建物が現存

図1　今井町の町並み（提供：若林稔氏）

する町並みは、重要伝統的建造物群保存地区に選定されており、2021年時点で、町内にある約750軒の建物のうち約500軒が伝統的な建造物であり、その数は全国で最も多い（図1）。今井町ではこの最大の地域資源である歴史的な町並みを活用する多彩な活動が展開されてきた。

　今井町の歴史は、戦国時代の天文年間（1532〜55年）に本願寺の僧侶であった今井兵部豊寿によって稱念寺が建設されたことに始まる。その後、一向宗の門徒が集まり、壕を巡らせ、町を築いた。大阪や堺などとの交流が盛んで、商業地として変貌を遂げ、江戸時代までは南大和最大の都市として大いに栄えた。町並みは東西600m、南北310m、周囲に環濠と土居が巡る城塞都市で、内部の道路のほとんどが屈折されている。こうした見通しのきかない通りは軍事目的でつくられたものだが、江戸中期には町の商人の生命と財産を守ることにも役立った。

半世紀にわたる町並み保存運動

住宅調査から始まった町並み保存の取り組み

　今井町の町並み保存の取り組みのきっかけの一つとして挙げられるのが、東京大学による今井町の住宅調査である。

　日本各地では1953〜61年に市町村合併が盛んに行われたが、1956年2月に今井町を含む近隣6カ町村が合併し、「橿原」という名の新しい市が誕生した。その際、東京大学第二工学部の関野克研究室で助手を務めていた伊藤鄭爾が今井町長に『今井町史』の作成を提案し、現地調査が実施されることとなった。1956年11月と1957年5月に1週間ずつ行われた調査には多数の研究者が参加し、東京大学の太田博太郎助教授を中心に結果がまとめられた。この調査により、今井町では室町後期からの町割りと江戸時代初期近世の民家が密集して建設されてきたことが確認された。また、当時、民家研究の課題とされていた「編年法」の確立につながる成果を上げ、全国各地の民家調査を可能とするマニュアルの作成にもつながった。

町並みを守る制度とハード面の整備

　今井町を保存するという動きが始まったのは昭和40年代半ばからで、その後1988年に「歴史的地区環境整備街路事業（歴みち事業）」の調査が行われ、この結果を受けて、1989年に市街地内部を貫通することとなっていた都市計画道路を変更するという国内初の決定が実行された。また1993年には「重要伝統的建造物群保存地区」の選定を受け、保存地区保存条例に基づく修景整備が始まり、1994年から街なみ環境整備事業が着手された。

　今井町は住環境面から見ると公園や緑地が少なく、災害時に避難する場所がないなど、防災面の問題を抱えていることから、街なみ整備方針では、「今井町の骨格である旧環濠内の道路は原則として拡幅しないこと。歴史的な街区、敷地割はできるだけ保存する」ことと、「防災上必要と考えられる公園や生活広場を区域内に整備する」という二つの大きな目標が立てられた。

　街なみ環境整備事業では、道路美装化（電線の地中化含む）に加え、側溝・街路・案内板・生活広場・旧環濠・下水道・生活環境施設（今井まちづくりセンターと今井景観支援センター）・地区防災施設（生活広場等における

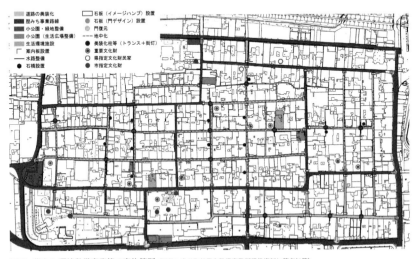

図2　街なみ環境整備事業等の実施箇所（提供：今井町並保存整備事務所提供資料に筆者加筆）

防火水槽及び消化栓など）等の整備が実施された（図2）。

　無電柱化事業は現在も実施されており、2021年時点で事業実施予定範囲の約70％を終えている。生活広場の整備は今井町ならではの取り組みで、道路幅員が狭く、消防車の進入が困難な市街地において、火災が起きた際の初期消火活動等が行えるように地区内の空地などを市が取得し、防災拠点施設として整備された。

　伝統的建造物の修理については、文化庁による補助事業によって毎年実施されており、個人宅および公共に資する施設の修繕などが取り組まれている。近年では今井町内の伝統的建造物である2戸1長屋（空き家）を活用し、放課後児童健全育成施設（学童クラブ）および保存修理事業におけるモデルケースとして公開活用施設が整備された。

　その半世紀にわたる町並み保存の活動をまとめたものが、表1である。

住民が立ち上げた今井町町並み保存運動

　このように、今井町では住宅調査をきっかけに町並み保存活動が展開されてきたが、住民の間でその気運を高める努力があったことは見逃せない。

　まず、稱念寺住職の今井博道氏らが1971年に結成した「今井町を守る会」である。守る会はさらに妻籠と有松の地域づくり団体との連携による「町並み保存連盟」の発足へとつながっていった。以降、まちの住環境を維持しつつ、住民の町並み保存に対する意識を高める運動が継続されており、その牽引役を担ってきたのが「今井町町並み保存会」（以下、保存会）である。

　今井博道氏が町並みを守る運動のパイオニアであったように、現在保存会会長を務める若林稔氏は、住民の意識高揚と、単なる保存からの脱皮を試み始めたもう一面でのパイオニアであろう（図3）。たくさんの活動のしくみを構築し、全国から相談に訪れるまちづくりの関係者らにノウハウをすべて伝えてきた若林会長が現在特に力を入れていることは、まちづくりの教育について伝えていくことである。こうした取り組みにより、今井町は観光のみならずまちづくりを学ぶ現場として常に注目を集めている。

表 1　今井町の町並み保存に関する出来事

年	出来事
1956	6 町村の合併により橿原市が誕生
1957	東京大学による今井町の住宅調査により『今井町史』を発刊 今西家住宅が重要文化財に指定
1971	今井博道氏らにより「今井町を守る会」結成
1972	旧米谷家、高木家、中橋家、音村家、豊田家、上田家が重要文化財に指定
1974	橿原市文化財保護条例公布。妻籠、有松、今井の三者により「町並み保存連盟」結成
1975	第 1 回町並み保存連盟総会で「全国町並み保存連盟」と改称
1976	河合家が重要文化財に指定
1978	住民団体「今井町保存問題に関する総合調査対策協議会」発足
1988	今井町保存問題に関する総合調査対策協議会が「今井町町並み保存会」に改称
1989	橿原市伝統的建造物群保存地区条例公布
1993	重要伝統的建造物郡保存地区に選定
1994	今井町における街なみ環境整備事業が始まる
1996	第 1 回今井町並み散歩を開催。住民による自発的な活動が始まる
1998	今井まちづくりセンター開設。今井町町並み保存会の活動拠点となる
1999	中町筋生活広場、今井都市緑地、今井景観支援センター開設
2001	今井まちや館開館
2002	南町生活広場開設 稱念寺本堂が重要文化財に指定
2003	第 26 回全国町並みゼミかしはら・今井大会開催 同年「今井の子」発足。千葉大学、奈良女子大学等の学生が若林稔会長の自宅を基地にしてまちづくりに参加。今井町町並み保存会は質の観光「教育観光」（若林会長の造語）を主張して新規プログラム構想を拡大させる
2005	北環濠小公園完成
2009	第 1 回今井灯火会開催
2010	平城遷都 1300 年記念事業、今井宗久生誕 490 年記念事業開催
2011	橿原市今井町を含む奈良県内の歴史的な町並みを有する地域で 1 回目の「はならぁと」開催
2013	今井の子が今西家長屋の改装工事を実施
2018	今井町町並み保存会の若林稔会長が古民家を私財で購入し、学生や職人に実践の場を提供。のちに阿伽陀屋若林亭と命名
2021	阿伽陀屋若林亭を使用開始

（出典：今井町町並み保存会提供資料をもとに筆者作成）

図3　今井町町並み保存会会長、若林稔氏

　SDGs の時代を先取りした若林会長が取り組まれてきた古民家群の活用事例を以降に述べる。

歴史的町並みを活用したイベントの実施

　保存会が主催・後援するイベントは、地域住民の町並み保存に対する意識を高めることを目的に行っており、結果として来訪客を呼び込むことにつながっている。以下に、代表的な三つのイベントを紹介する。

今井町並み散歩

　例年 5 月のゴールデンウィーク明けに開催されるイベントで、会期中にはさまざまな催しが開かれる。今井町に縁のある茶人の今井宗久にちなんで行われる「茶行列」がメインの催しで、かつての町の歴史に思いを巡らすことができる（図 4）。ほかにも、江戸時代に行われていた「六斎市」や「町衆市」と呼ばれる行事も開かれる。メインストリートにさまざまな店が出店し、かつての賑わいを彷彿させる取り組みである。

　このような歴史が感じられる数々の催しが実施される町並み散歩は、2021年までに 24 回開催されてきた。近年は、コロナウイルス感染拡大の影響により、2 回中止となっている。

　また、イベントを主催する保存会では、地域の建物所有者や住民を巻き込

図4　今井町並み散歩の茶行列 (提供：若林稔氏)

図5　灯火会 (提供：若林稔氏)

みながら、文化財での音楽会、「まちかどアート」と名づけられた絵画展を
エリア内の各所で実施している。さらに、奈良教育大学の学生らが協力して、
地域の伝統食である「大和今井の茶粥」を来訪者に提供している。

灯火会

　8月のお盆の時期に開催される「灯火会」では、7500もの行灯が今井町の
露地に並べられ幻想的な風景が広がる（図5）。年に一度、町の安全と繁栄
を願いつつ、町民の親睦と団結を深めるこのイベントは、住民の防火意識を
高め、町を演出して美意識を育むことに役立っている。

図6　着物でジャズ（提供：若林稔氏）

奈良・町家の芸術祭はならぁと

　「奈良・町家の芸術祭はならぁと」は、地域価値の発掘を目的として10月に開催されるイベントである。文化的な建築物が多い奈良県内の各所で、「空き家」をアーティストに提供し、アートの展示場に仕立ててもらっている。毎年テーマが掲げられており、2020年に10回目を迎えたイベントは「地球環境問題」をテーマに今井町を主会場にして開催された。

　アーティストにより魅力を最大限引き出された町なかの空き家を通じて、来場者と地域住民、そしてアーティストの交流が促されており、地域価値の発信につながっている。これまでの10年間で、このイベントがきっかけとなり店舗や移住者の住居として再生された県内の空き家は41軒にのぼる。

　さらに、今井町では同時期にお寺を会場として奈良県立医科大学の協力のもと「着物でジャズ」という音楽会を実施したり、医療を絡めた癒しの場を提供するなど、これまでの対処医学から予防医学へ意識を向ける独自の催しも企画・運営されている（図6）。

来訪者の増加を促す取り組み

　前述したイベントのほかに、今井町では次のような取り組みで来訪者の増加を図っている。

図7 今井町で書道体験をする外国人留学生（提供：若林稔氏）

図8 「今井の子」たちによる長屋の改修

学生に向けた学びの場の提供

　江戸時代の建物が現存し、当時の風情が今なお感じられる今井町は、文化的にも深い学びが得られるまちである。そこで、保存会では、学生向けに今井町のまちづくりを体感できる学習の場を提供する取り組みを行っている。

　若林会長は催しの際に「ただいま」と言って帰ってくる学生を「今井の子」と呼んでいるが、奈良女子大学・奈良県立医科大学・奈良教育大学などの県内の学生のみならず、千葉大学・筑波大学・東京大学など県外の学生も含め、2021年現在で500名以上にのぼる学生たちがすべて会長宅でお世話になってきた。

　また、外国人の留学生も積極的に受け入れており、書道や着つけなどを体験しながら実際に町の中を歩いてもらい、日本のおもてなしの文化を実感してもらうような活動も行っている（図7）。

図9　阿伽陀屋若林亭での講演会（提供：若林稔氏）

　近年、「今井の子」に向けては、空き家となった長屋を自由に改修してもらう機会も設けており、学生たちに今井町の歴史を自身の手で感じてもらう場を提供し、伝統の継承に向けたきっかけづくりにも力を入れている（図8）。

空き家改修による交流施設の整備

　若林会長は自費で空き家を購入、改修に取り組み、「阿伽陀屋若林亭」という交流施設を整備した（2017年改修開始、2020年オープン、図9）。2021年時点で若林亭では、地域づくり支援機構人材育成講座、漆教室、パソコン教室などをそれぞれ月2回開催しており、定着してきている。コロナ禍の収束後は、今井町の歴史的な建築物の特徴を知ることができる学びの場として広義に活用していく予定である。

　一方、町内には奈良県立医科大学が運営する「今井町ゲストハウス」が存在する。大学が招いた海外の医師・研究者に良好な研究環境と居住環境を提供する施設で、パン工房兼住宅として使用されていた空き家が改修されている。実際の利用者からは「歴史を感じることのできる美しい建物だった」「孤独を感じることなく、独立した生活を楽しむことができた」といった声も聞かれ、好評である。また、宿泊利用のみならず、医療相談などの地域福祉につながるイベントも開催されており、教職員や医学・看護学生と地域住民の交流の場となっている（図10）。

図10 今井町ゲストハウスでの健康
相談イベント（提供：奈良県立医科大学）

　このように、空き家を多様な施設に改修し、活用していく取り組みも、官民が一体となって先進的に実施されている。

まちを学ぶ観光へ

　以上のような取り組みにより、最近では住民や自治会の意識も高まり、古い町家が活用されて魅力も保たれており、空き家の数も少数に抑えられ、小学校の児童も微少だが増加してきている。本来、観光地の店舗は繁忙期と閑散期によって営業が左右されるが、今井町の町家は地域住民の生活の場でもあり、造り酒屋や醤油屋などの老舗も残っている。さらに、イベント開催時には、町民のみならず町外からやってくる来訪者・学生らで賑わい、地域住民が今井町の歴史的価値を再認識できる機会にもなっている。

　今井町の取り組みのポイントとしては、一過性の観光にとらわれず、長期的な視点で再び来訪してもらうしくみ、ひいては在住してもらうしくみを採り入れている点を挙げることができる。一言で言えば、「教育」という観点を採り入れた観光である。古くから残る伝統的な町並みを最大限「学びの場」として提供し、リピーターの確保につなげている。また、観光の視点で見た数字には表れないが、今井町に学びにくる学生は常に存在している。

　そうした「教育」に注力した取り組みは、江戸時代の建物を改修した「今井放課後児童クラブ」という施設にも現れている（図11）。1軒目の開設後、

図11　今井放課後児童クラブ（提供：今井町並保存整備事務所）

利用希望者が増加した現在は、隣接する貸館施設が2軒目の児童クラブとして有効活用されている。また、今井町の歴史を学べる出前講座が実施されており、幼少期から「今井町はいいまちだ」と記憶に残る教育の場が学校外でも提供されている。

　若林会長は、コロナ禍以降の今後の観光について次のように語っている[*1]。「世間の展望は観光復興への視線がほとんどで、コロナが済んだら、また最盛期時代の観光に向かっていくことが想定されます。再度、観光主体の数に頼り、どかどか傍若無人に町の中を行き来する観光を促進していいのでしょうか。人数に頼る観光から、少数の観光であっても来てくれてありがとう、来てよかったと言える質を重視した観光へシフトすることを考えて、『観光・視察・教育で来町→リピーターになる→住人・商いにつながる』という長いスパンのまちづくりを画策し、今井町にも近い将来に必ずやってくる少子高齢化により派生する空き家の対策につながる活動等を行ってきましたが、ようやくその時がやってきたのだなと感じています」。

　今井町の取り組みがさらに進化し、全国の地域に波及することを願う。

（今泉ひかり）

＊1　若林稔氏へのヒアリング（2022年1月17日）

4章

インフラツーリズム

土木構造物を活用した
エリアマネジメント

4-1

インフラツーリズムとは

インフラツーリズムの四つのタイプ

　インフラツーリズムは、ダムや橋、鉄道などの土木構造物を非日常的な新たな視点で観光することで、周辺の観光資源にも人を呼び込み地域の活性化を図る取り組みである。近年、国土交通省がポータルサイト（https://www.mlit.go.jp/sogoseisaku/region/infratourism/）を立ち上げ、各地で普段目にすることのない巨大施設の内部や工事の様子をガイドが案内するといったツアーも展開されている。公共施設でもある土木構造物は立地する場の自然や歴史などと深く関わっており、その意味でもインフラツーリズムは地域が有

表1　土木観光の四つのタイプ

土木観光のタイプ	主な事例
スケールや形態、機能で優れた土木構造物を観光する	・黒部ダム（富山県） ・本四架橋 ・東京スカイツリー（東京都墨田区） ・首都圏外郭放水路（埼玉県）
土木構造物の建設工事現場を観光する	・東京港トンネル（東京都） ・東京外かく環状道路（千葉県） ・秘境八十里越体感バス（新潟県）
歴史的な土木構造物を観光する	・琵琶湖疎水の発電施設（京都府） ・通潤橋（熊本県） ・祖谷のかずら橋（徳島県）
土木構造物を他の用途で活用	・神岡レールマウンテンバイク（岐阜県） ・碓氷峠「アプトのみち」（群馬県） ・札幌大通公園での雪まつり（北海道）

（出典：中根裕「土木観光への期待」『土木学会誌』vol.99/no.6（2014年）をもとに筆者作成）

する潜在的な価値に気づくきっかけを与えてくれる。このようなインフラを対象とした観光は、大きく四つのタイプに分けることができる（表1）。

本章で紹介する河川流域のインフラツーリズム

　本章では、河川の上流域、中流域、下流域のそれぞれで行われているインフラツーリズムの取り組みを紹介している。

　一つ目の「八ッ場ダム」は、利根川上流域の群馬県長野原町に位置し、表1の区分では「スケールや形態、機能で優れた土木構造物を観光する」「土木構造物の建設工事現場を観光する」および「土木構造物を他の用途で活用」のタイプに該当する。八ッ場ダムでは、建設中の工事現場を一つの観光資源と捉え、多くの観光客を呼び込み、地域経済を活性化してきた。さらに工事後は、巨大施設を眺めながら浸かれる足湯などが人気を博し、ダム湖を利用した水陸両用観光バスも運行されている。また、ダム下流の東吾妻町では、旧JR吾妻線廃線敷が自転車型トロッコの走行に活用されている。

　次に紹介する「日本橋川」は、東京都心部の千代田区と中央区を流れる河川である。徳川家康らにより築かれた人工河川であり、江戸城の外濠石垣跡や石造りの日本橋、常磐橋などの「歴史的な土木構造物を観光する」タイプと言える。日本橋のたもとには都内有数の舟運拠点である船着場が整備されているが、この船着場は行政と地域活動組織が連携することにより実現されたものだ。現在、首都高速道路の地下化事業が進行中であり、周辺の再開発に伴う魅力的な水辺空間整備への期待も高まっている。

　最後に紹介する「古河公方公園」は、渡良瀬川が合流する利根川中流域の茨城県古河市にあり、「土木構造物を他の用途で活用」したタイプに分類できる。室町時代の古河公方館跡地を再生した都市公園で、運営にあたっては、市民と行政、指定管理者が協議する円卓会議で公園の価値と可能性が引き出され、親子による田植えや茶摘み・茶会などが開かれるなど、市民参加型の公園として発展を遂げている。

（江花典彦）

4-2

八ッ場ダム（群馬県）

ダム建設から波及する多様なプロジェクト展開

八ッ場ダムと周辺地域の概要

　八ッ場ダムは、2020年に運用が開始された多目的ダムである（図1）。群馬県の北西部、利根川の支流である吾妻川の中流部に位置し、湛水面積約3km² に及ぶダムは関東地方の水瓶として機能している。

　ダム本体の上流に当たる長野原町は、浅間山麓の河岸段丘沿いを中心に集

図1　八ッ場ダムの工事現場でのインフラツーリズム（提供：国土交通省関東地方整備局利根川ダム統合管理事務所）

落が営まれてきた山間に位置する、人口約5千人（2020年1月現在）の小さな町である。町には、800年に及ぶ歴史を誇り、数多くの文人墨客に親しまれてきた川原湯温泉があることで知られる。

　かたや、ダム本体の下流に当たる東吾妻町は、人口約1万4千人（2020年2月）の自然豊かな町である。約200mの絶壁を擁する岩櫃山がそそり立ち、町の西側に位置する吾妻峡は群馬を代表する景勝地として有名で、国指定名勝にも数えられている。

　また、峡谷沿いには、旧国道とともにJRの旧吾妻線跡が残る。当時国内第2位の産出量を誇った群馬鉄山から鉄鉱石を輸送するために戦時中に開削された路線で、日本一短い鉄道トンネル(樽沢隧道)があることでも知られる。

ダム開発の経緯

　八ッ場ダムの開発は、1947年に発生したカスリーン台風による洪水被害をきっかけに、1952年に長野原町と東吾妻町を流れる吾妻川でダム建設に向けた調査が開始されたことに始まる。しかし、地元から猛烈な反対運動が起こり、50年以上経った2008年、ようやくダム本体の工事が着手された。2019年には本体部のコンクリートの打設が終了し、試験湛水期間を経て2020年4月1日に本格的な運用が始まった。

　ダムの開発にあたっては、行楽シーズンには一晩に800人ほどの宿泊客で賑わったという17軒の旅館と17の商店が水没する計画であったことから、

図2　源泉公園

図 3　国指定名勝の吾妻峡、鹿飛び付近

1970 年に水没する 5 地区の再建計画が作成され、1992 年には「八ッ場ダム建設事業に係る基本協定書」が締結された。ダム本体の建設に先駆けて店舗や住宅が代替地への移転を余儀なくされるなか、7 年間で代替地へ移転した旅館は 6 軒、代替地へ転居した住民は 3 割程度にとどまった。

　また、源頼朝が見つけたとされる源泉が水没するのに伴い、円形立坑を設置し、上部に源泉公園が整備された（図 2）。同じく水没する共同浴場「王湯会館」についても代替地に移転された。

　一方、もともとの計画では、吾妻峡の中央付近、最狭窄部にダム本体を建設するため、名勝指定の峡谷が半分以上消失する計画だった。そこで、さらに上流部に配置する計画へと変更するなどの代案が検討された。こうした紆余曲折を経て、歴史ある名勝地の吾妻峡は、完全ではないものの保全されることとなり、貴重な観光資源として引き続き活用していくこととなった（図 3）。

インフラツーリズムの展開

　こうして一部を保全された吾妻峡に加え、ダム本体とダム湖そのものを観光資源とする一方、日々変化するダムの工事現場を観光資源として最大限活用することも検討された。

国主導の「やんばツアーズ」

　2017年4月、工事現場を見学する「やんばツアーズ」が国土交通省の主導で立ち上げられ、篠原靖氏（跡見学園女子大学観光コミュニティ学部准教授）の協力のもと、10本の見学プラン（個人向け5本、団体向け5本）が作成された。その際、目標参加人数は前年2016年度の10倍の3万人と設定されたが、初年の2017年には2.9万人を達成し、続く2018年度には5.5万人に達した。

　その後、仮設工事の際には、工事現場や湛水予定地の眺望を楽しめる「やんば見放台」が設置され、開設から3年半で約50万人を集めている。

　このような国主導の戦略的な取り組みをきっかけに、八ッ場ダムのインフラツーリズムは欠かすことのできない人気コンテンツへと成長していくこととなった（図1）。

地元主導のナイトツアー・バスツアー

　さらに、地元主導で「八ッ場ダム地元ガイドナイトツアー」が実施された。2018年の10月から12月にかけて月1回のペースで計3回実施され、各回の定員40名を大幅に超える参加者が集まり、人気を博した。

　また、地元のバス運行会社では、インフラツーリズムを銘打ったバスツアーを企画し、商業ベースでの活性化に取り組んでいる。

　なお、国と地域との連携策の一つとして、地元の商店や旅館等でダムカード（ダム来訪記念として人気の高い、個別のダム情報が記載された全国統一仕様の無料配布カード）を提示すれば割引が受けられるサービスが実施されている。この身の丈に合った小さな連携は、これまで川原湯温泉を守り続けてきた住民たちの小さな商いの継続に一役買っている。

ダム周辺部での観光コンテンツの開発

　工事現場を舞台にした仮設的なインフラツーリズムが人気を博す一方、常

設的な観光施設も順次整えられていった。

　工事期間中はプレハブで仮設されていた「なるほど！八ッ場資料館」は、新設された国のダム管理事務所内に移され、多くの観光客が足を運ぶダム観光の拠点の一つとなっている。加えて、「あがつま湖」と名づけられたダム湖の湖面へと飛び出す観覧デッキ（図4）、ダム天端の観覧通路、ダム本体の内部に降りることができる無料のエレベーター、放流を間近で体感できる

左：図4　ダム湖の観覧デッキ
下：図5　ダム天端の観覧通路、無料のエレベーターおよびダム本体直下に建設中の橋

橋など（図5）、ダムを活かした観光施設群が次々とオープンしている。

　また、ダム下流に残された貴重な観光資源である吾妻峡では、そそり立つダム本体を仰ぎ見ながら峡谷を巡ることができる新しい観光ルートが整備され、ダムとのネットワーク化が図られた。そのうち、その薄暗く深遠な雰囲気から「八丁暗がり」とも呼ばれる峡谷区間については、ダム観光とは区分され、峡谷だけを純粋に堪能できる回遊ルートとして整備されている。同時に、峡谷の中で最も幅が狭く、最大の見どころでありながらも近くで見ることができなかった「鹿飛び」を間近に見られるデッキや吊り橋も整備され、文化財の利活用にも役立っている。

　一方、新たに生み出されたダム湖畔においては、グランピングやバーベキューが楽しめるキャンプ場に天然温泉・カフェ・観光案内所を集約した「川原湯温泉あそびの基地NOA」が地元自治体主導で建設されており、官民連携で運営されている（図6）。

　さらに、八ッ場ダムに関連して三つの道の駅が新設された。そのうち、ダムに先んじて2013年にオープンした「八ッ場ふるさと館」では、ダムカレーやダムパンといった商品の開発・販売、郷土野菜や地元特産品の取り扱いに加え、ダム湖を眺めながら浸かれる足湯も設置され、ダムの情報発信も行っており、旅好きが選ぶ道の駅ランキング（2017年）で全国第15位に入るなど、人気が高い。

　また、こうしたハード面の整備にとどまらず、ソフト面での取り組みも積極的に行われている。

　例えば、試験湛水が始まるまでの半年間限定で、水が溜まっていないダム湖予定地の渓谷とその上部に新しく建設された八ッ場大橋を利用したバンジージャンプ台が民間主導で設けられた。暫定で日本一となる高さ106mのダム湖を活用したアクティビティで、1回2万円という料金にもかかわらずオープン当日には30名の利用者が集まり、半年間という短期間であったが好評を博した。試験湛水が開始されて以降は実施されていないが、貯水差の大きい八ッ場ダムでは企画が再開され、継続的に運営されることも期待される。

　常用的なアクティビティとしては、スプラッシュ・インが売りの水陸両用

上：図6　川原湯温泉あそびの基地 NOA
左：図7　水陸両用バスによる湖上遊覧

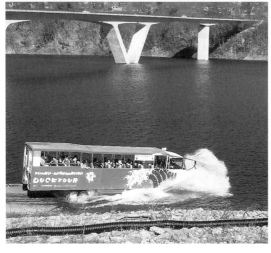

観光バスが、新設された湖の駅を拠点に運行されている（図7）。また、水陸両用バスの自動運転実証実験（八ッ場スマートモビリティプロジェクト）も大学と民間の共同事業として実施されており、ダムを活用したソフト事業が民間主体で続々と展開されている。

恒久的事業を目指した社会実験

　観光コンテンツの開発などソフト面での取り組みのいくつかは、自治体主導で社会実験というステップを踏みながら恒久的な事業化を目指しているものもある。

　その一つ、自転車型トロッコ「A-Gattan!（アガッタン）」は東吾妻町側に残る旧吾妻線廃線敷を活用した取り組みで、区間の一部を使って試験運行会を重ね、本格的な運用を目指している（図8）。運行会の募集定員は1日に88名（9〜15時の間に11回運行）で、予約困難な大人気のアクティビティとなっている。

　また、夏季の1カ月間限定でレンタサイクルの社会実験も行われた。利用時間は10時から17時（保証金として千円が必要）で、道の駅「八ッ場ふるさと館」の駐輪場（サイクルポート）を活用しながら普通自転車・電動アシスト自転車・クロスバイク・児童用自転車などの多様な車種を貸し出し、常設化が検討されている。

ダムコンシェルジュが始めた関係人口を増やす活動

　以上のような取り組みのほかに、「チームやんば」と名づけられたダムガイドのコンシェルジュ団体が設立されている。地元住民と町役場職員が連携

図8　日本一短い鉄道トンネルを走り抜ける、社会実験中の自転車型トロッコ「A-Gattan」

し、ダムを活かした地域活性化を目指す組織で、地元在住のガイドで構成された"やんばコンシェルジュ"たちが工事現場の状況から地域の魅力までをわかりやすく紹介する活動を契機として、ダムファン倶楽部の発足や特別見学会の開催等、「関係人口」を増やす活動に取り組んでいる。

インフラツーリズムと住民参加型まちづくり組織との連携

これまでの八ッ場ダム関連のプロジェクトは、インフラ建設を担う国から地域住民へと情報が共有されつつ、地元の要望を踏まえながら整備が進められ、ダム整備を通じた観光資源の充実化が図られてきた。

一方、ダム建設が終わると、必然的に国の組織は縮小され、ダム周辺に建設された数多くの地域振興施設が地元の自治体へ移管されるため、地元の自治体が主体となって整備した地域振興施設に加えて、国が整備した施設の管理運営についても、地元組織や民間に託されることとなる。そうした状況は小さな自治体にとって負担の増大になるが、地元主導で交流人口や関係人口の定着を促す上ではチャンスともなりうる。

そのようななか、長野原町では2020年に住民主導のまちづくりを推進する組織として「一般社団法人つなぐカンパニーながのはら」（略称：つなカン）が発足した。"地域資産の活用は地域住民を巻き込むこと"を信条に、「住民が元気になる、町の活性化」をスタンスとして、人と地域をつなぎ続ける住民参加型まちづくり活動について、できる範囲で試行錯誤を重ねながら取り組んでいる組織である。

当初は、活動目的を見出すための月1回程度の緩いワークショップから始まったが、DMO運営への舵はあえて切らないスタイルでの組織の形と目的が固まるにつれて、「つなぐ委員会」「つたえる委員会」「つくる委員会」の三つの委員会が構成された。現在では、四つの事業（情報発信、交流連携、観光振興、施設管理）と二つのプロジェクト（花が繋ぐ未来〜花育〜長野原町花いっぱいプロジェクト、つなカンハートプロジェクト）が、委員会間の企画調整会議でつながりあう発展的展開を遂げている。

また、住民がやりたい企画を支援する「つなカンチャレンジ」と名づけられたプロジェクトも稼働しており、①人と地域を歴史でつなぐ！戦国御城印 from ながのはら、② YKBG's による川原畑地区桜植樹エリア周辺の花いっぱい運動、③ランニング・トレッキングコース保全作業、④住民の寄り合い所「ながのはらカルチャースクール」、⑤子育て応援おはなしとどけ隊「あさまる」の五つが実現している（2021 年 7 月現在）。

　加えて、つなカンでは定款の中で「町有施設の委託管理に関する事業」を活動の一つに掲げており、2014 年にオープンした地域振興施設「クラインガルデンやんば」（10 区画の菜園に宿泊棟を併設、年間使用料 48 万円 / 区画）の管理運営業務を受託し、地元と入居者との交流会を開催するなどの取り組みを実施している。さらに、ダムの周囲に整備された園地の管理運営業務も受託し、通常のハード面での維持管理にとどまらない、空間の利活用を含むソフト面での取り組みも進められつつある。

　ダムの建設工事現場を活かして戦略的に取り組まれた八ッ場ダムのインフラツーリズムは、工事の過程から完成後も継続して多くの人々から認知されることとなり、ダムマニアのみならず、多くの観光客に人気を博した。また、そこに地元が担うダムコンシェルジュが来訪者をもてなすしくみも加わることで、国と地域との連携がうまくかみあった好事例となった。

　かたや、ダム本体の工事が完了した現在、今後は民間主導での官民連携による新たなインフラツーリズム・プログラムへのシフト、それに伴う八ッ場ダムを含む地域資産全体を活用したオリジナリティの高いまちづくり・人づくりへの波及が求められる。現時点では、八ッ場ダムを含む地域観光に関しては、地方自治体、官民連携組織、民間企業等のさまざまな主体が活躍する素地が見えてきた段階と言える。今後、多彩な地元組織が連携してどのような活動が展開されるのか、期待したい。　　　　　　　　（奥川良介）

〈参考文献〉
・長野原町産業課観光商工係「八ッ場ダムと地域振興 ―生活再建の中核を担う道の駅」『建設マネジメント技術』2019 年 1 月号
・一般社団法人全日本建設技術協会「日本一のインフラ観光ツアー『やんばツアーズ』」『月刊建設』vol.64、2020 年 8 月号

日本橋川（東京都）
水辺空間を活用するエリアマネジメント

日本橋川と周辺地域の概要

　国道1号線など七つの国道の起点になっている日本橋。そこから日本橋川を見下ろすと、橋のたもとに船着場があり、舟巡りを楽しむ人たちの歓声が聞

図1　日本橋川を巡る電動ボートと覆いかぶさる高架橋（提供：江戸東京再発見コンソーシアム）

図2 日本橋川の位置（出典：国土地理院
デジタル標高地形図に筆者加筆）

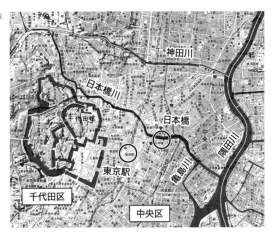

こえてくる。一方、川から空を見上げると、前回1964年の東京オリンピック
の際に建設された首都高速道路の高架橋が覆いかぶさり、視界を遮る（図1）。

　日本橋川は、神田川から分岐し、千代田区と中央区を流れて隅田川に合流
する総延長4.8kmの都市河川である（図2）。日本橋の前後は徳川家康が舟
運のために開削し、日本橋川の中間部は江戸城の外濠として整備された。外
濠の石垣には、天下普請を担った大名などの刻印が残っている。

　また、亀島川が茅場橋付近から分流しているが、隅田川との合流部は千石
船などが錨（いかり）をおろす江戸湊（みなと）だった。日本各地から集まった物資は小舟に移
し替えられ、日本橋周辺の河岸に運ばれた。日本橋周辺は、江戸時代から商
業や流通の中心地として栄え、今も多くの老舗やデパートなどが立地してい
る。

　日本橋川は東京都心の貴重な水辺空間であり、水都江戸の面影を今に残し
ている。かつての江戸はイタリアのヴェネツィアに負けるとも劣らない「水
の都」だったが、震災・戦災からの復興や首都高速道路の建設により数多く
の水路が失われてしまった。しかし、今なお残る日本橋川や亀島川を舟で
巡ると、江戸から令和に至るまちづくりの変遷を河川から眺めることができ、
地上とは異なるさまざまな発見がある。

　また、橋が平均200mおきに多数架けられているが、その歴史や形も多様

だ。現在の日本橋は1911年に架けられた石造の二重アーチ橋で、関東大震災や東京大空襲の焼け跡が残っている。日本橋の上流には現存する石橋としては東京最古の常磐橋があり、亀島川の河口には東京最古の鋼鉄トラス道路橋である南高橋もある。

日本橋再生に取り組む地域活動組織

　日本橋地域では日本橋川再生やまちづくりに関する活動が活発に行われているが、そこでは住民に加え、老舗などの地域の企業が大きな役割を果たしている。地域の活動組織にも、町会や地元の老舗・企業などが会員として多数参加しており、水辺の再生やまちづくりに積極的に関与している。その代表的な組織を、以下に紹介する。

名橋「日本橋」保存会

　日本橋と交差する首都高速道路の地下移設などにより日本橋を甦らせることを活動目標とし、1968年に設立された。日本橋や京橋の街路景観の整備や日本橋の橋洗い（毎年7月の第4日曜に実施される橋の大掃除）、日本橋川の水質改善などに取り組んでいる。

日本橋地域ルネッサンス100年計画委員会

　1999年に設立され、江戸開府以来の歴史・産業・文化を継承し、日本橋地域を「日本の顔」として再生させることを目標に活動を展開している。都市再生部会では首都高速道路撤去後のまちの将来ビジョンの検討や水辺空間の活用、河川再生部会では日本橋川などの河川再生・水質浄化、観光部会では舟運観光の推進などを行ってきた。

日本橋再生推進協議会

名橋「日本橋」保存会、日本橋ルネッサンス100年委員会、地元企業などにより、2006年に設立された。専門部会の一つである水辺再生研究会では、水辺空間を活かしたまちづくりに向けた提言や日本橋船着場の整備・運営に関わる具体的な検討を行っている。

江戸東京再発見コンソーシアム

東京都心の歴史的な史跡や老舗、伝統工芸などの魅力を再発見してもらうことを目的として、NPO法人東京中央ネットや株式会社建設技術研究所をはじめとする地元企業、学校が中心となり、2008年に設立された。日本橋船着場を拠点として、環境にやさしく音も静かな電動ボートを使い、普段は見られない水上からの景色をガイドが案内する歴史クルーズ「お江戸日本橋舟めぐり」（6コース）の運行（2021年10月終了）などを行ってきた（図1）。

地元主導の水辺空間の活用

防災施設の利用から観光用船着場の整備へ

日本橋川における船着場の整備は、行政と地域活動組織が連携することで実現した。

最初の施設は2000年に供用された常盤橋防災船着場で、東京都の「防災船着場計画」に基づき整備された。その後、江戸東京再発見コンソーシアムが、観光舟運の社会実験として2009年にモニター運航を開始し、常盤橋防災船着場を臨時の乗船場として利用することとなった。運航にあたっては、安全性の確保や地域との合意形成などに関して手探りの日々が続いた。

一方、2006年に中央区が「中央区水辺利用の活性化に関する方策」を策定する。日本橋周辺では、首都高速道路の撤去・移設に向けた取り組みの促

図3　日本橋船着場と橋詰広場

進、船着場を含む水辺の賑わい拠点の整備がリーディングプロジェクトに位置づけられた。

　また、日本橋再生推進協議会の水辺再生研究会では、2008年に「日本橋地域における水辺空間を活かしたまちづくり」に向けた提言を取りまとめた。そこでは、日本橋を低い視点から眺められる場所として架橋80周年（1991年）に改築された橋詰広場に、観光舟運の拠点となる船着場を整備することが盛り込まれた。

　このような計画や提言などを背景として、架橋100周年を迎えた2011年、通年で観光船も利用可能な日本橋船着場が中央区により整備された（図3）。

地域活動組織による船着場の日常管理

　日本橋船着場の管理運営は、名橋「日本橋」保存会が日常的に管理し、災

害時の運営は中央区が行うという役割分担となっている（図4）。さらに、保存会は「日本橋船着場利用者協議会」の事務局も担っており、船着場を利用する舟運事業者から使用料を徴収している。なお、船着場の実際の管理は地元企業に委託しており、円滑な運営を図っている。

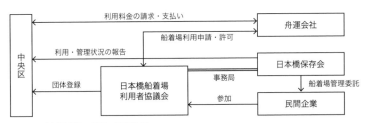

図4　日本橋船着場の利用・管理体制
（出典：菅原遼・畔柳昭雄「日本橋川の水辺利用の取り組みに係わる組織団体の変遷とその役割に関する調査研究」『環境情報科学学術研究論文集』33、2019年）

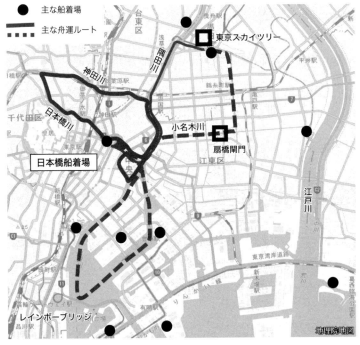

図5　日本橋船着場を発着する主な舟運ルート
（出典：日本橋船着場協議会「日本橋舟運案内」をもとに筆者作成）

日本橋船着場は、事前に利用者協議会に登録すればクルーズ船などの着岸が可能となっている。現在、10以上の事業者が、日本橋川周遊のほか、隅田川方面、東京湾方面にクルーズ船による乗合便やチャーター便を多数運行している（図5）。利用者協議会が提供している「日本橋舟運案内」には、主なコース、直近の運行スケジュール、クルーズ会社の概要などが掲載されている。また、船着場の反対側には、日本橋地域ルネッサンス100年計画委員会が運営する日本橋観光案内所が設置されており、多言語対応のコンシェルジュが舟運案内や観光名所、イベントなどの案内サービスを行っている。

水辺空間の整備

　日本橋川右岸には、全長約800mの大手町川端緑道がある（図6）。この緑道は、UR都市機構が進める都市再生事業の一貫として、2014年に整備された水辺空間である。整備後は千代田区に移管されており、日常的な管理は「大手町歩専道マネジメント」が行っている。イベント時などにはキッチンカーが登場し、オフィス街の人々がランチタイムを楽しむ光景が見られる。

　一方、亀島川の緑道は、2016年に中央区により整備された。水辺を活かした親水性の高いテラスとなっており、四季の草花を楽しみながら散策ができる。

図6　日本橋川右岸に整備された大手町川端緑道

日本橋川の水質改善

　東京都の下水道は雨水と汚水が同じ下水管に流れ込む合流式のため、処理能力を上回るレベルの大雨が降ると、汚水を含む下水が日本橋川に流れ込むことがある。

　そこで、日本一高い 390 m の超高層タワーの建設が予定されている常盤橋街区再開発プロジェクトでは、計画地内にあった下水道ポンプ場が再整備されることになっている。雨が降り始めた際に発生する特に汚れた下水を貯留する施設も新たに設置される予定で、日本橋川の水質改善に寄与することが期待されている。

首都高速道路の日本橋区間地下化事業

　日本橋上空に首都高速道路が開通したのは、前回の東京オリンピックが間近に迫った 1963 年 12 月だった。首都高速道路の地下移設により日本橋を甦らせることを目標に掲げる名橋「日本橋」保存会が発足したのは、そのわずか 5 年後の 1968 年のことである。

　それから 40 年が経過した 2008 年、日本橋再生推進協議会が「日本橋地域における水辺空間を活かしたまちづくり」に向けた提言において、高架道路のない日本橋川の将来イメージ図を発表した（図 7）。

　その後もさまざまな検討がなされるなか、2017 年に国土交通省と東京都が「日本橋周辺の首都高速の地下化に向けて取り組む」ことを発表し、2020 年には都市計画事業の認可に至った。最終的に高架橋が撤去されて工事が完了するのは 2040 年の予定だが、日本橋川には約 80 年ぶりに空が戻ることになる。

　首都高速道路の地下化事業は、江戸橋ジャンクションから神田ジャンクションまでの約 1.8 km の区間が予定されている（図 8）。これにより、幅約 100 m、長さ約 1200 m の開放的な空間が創出されることになる。日本橋川周辺の再開発では、新たに生まれるこの水辺空間を活かす整備計画が進行中である。

図7 日本橋川の将来イメージ（出典：日本橋再生推進協議会）

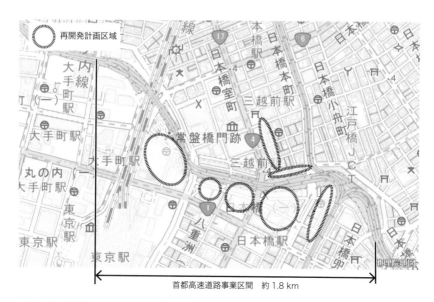

図8 首都高速道路の地下化事業区間と日本橋川沿いの再開発計画
（出典：首都高日本橋地下化検討会資料をもとに筆者作成）

エリアマネジメントの先駆者に学ぶ

回遊できる広域的なまちづくり

首都高速道路の地下化により、東京都心部に魅力的な水辺空間が広がり、日本橋界隈や大手町などのまちづくりと一体となった賑わいの創出が期待される。

一方、日本橋川船着場の近くには福徳神社がある。江戸開府の前から鎮座する神社で、かつては日本橋川から引き込まれた西堀留川に面していた。時代とともに境内が縮小され、ビルの屋上などに祀られていたこともあったが、2014年に社殿が再興された。神社の横には地域の交流拠点となる広場「福徳の森」も整備され、地元の町会・商店街と連携したお祭りやイベントなども開かれている。

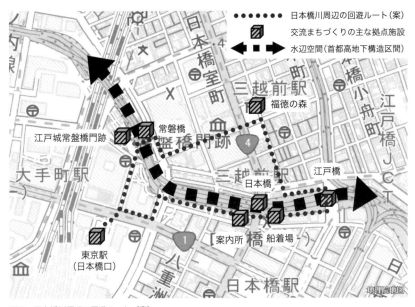

図9　日本橋川周辺の回遊ルート（案）

今後は、日本橋観光案内所なども活用しながら、日本橋船着場と周辺の水辺空間、そして「福徳の森」などの交流拠点をつなぐことにより、回遊性のある広域的な交流まちづくりを展開していくことが計画されている。

　また、日本橋船着場と他の船着場がさらに連携を強めていくことで、新たな舟運の展開を図っていくことも望まれる。東京の船着場は国・都・区・民間のそれぞれが整備してきたが、管理運営も基本的に各組織が個別に行っているため、その有効活用が妨げられている面もある。今後、船着場に対する一元的な管理が行われ、舟運の広域的なネットワーク化や連携が進むことにより、水辺を通じた交流まちづくりが活性化していくことが期待される。

行政と地域活動組織の連携

　日本橋川における船着場の整備や舟運の展開では、地域活動組織と行政との連携が極めて重要であった。行政が全体的な水辺利用のビジョンを策定する一方、地域活動組織は活動目標に沿った具体的な船着場整備の提案を行い、それを踏まえて行政で建設を担い、その日常的な管理・活用を地域活動組織が中心となって行っている。このように、地域資源を有効に活用した交流まちづくりにおいては、行政とさまざまな地域活動組織とが相互に補完しあい、ビジョンや計画を具現化していくことが効果的だと言える。

　また、日本橋川の首都高速道路の地下化事業の背景には、日本橋川周辺の複合的な再開発があるが、首都高速建設の直後に発足した名橋「日本橋」保存会などの半世紀以上にわたる地道な活動が地下化を牽引してきた。まちづくりにおいても、継続的に活動を展開していくことが重要であることを示す好例だと言える。

（江花典彦）

古河公方公園（茨城県）

沼地を再生し、市民参加型の公園に

古河市と古河公方公園の概要

　古河公方公園は、茨城県古河市に位置する都市公園である（図1、2）。古河市は国道4号線やJR宇都宮線の沿線にあることから、茨城県の中でも栃木県・埼玉県・東京都とのつながりが強い。2005年に旧古河市・総和町・三和町が合併して、現在の古河市となった。現在の人口はおよそ14万1千

図1　地元の小学生が参加する古河公方公園内での田植えイベント

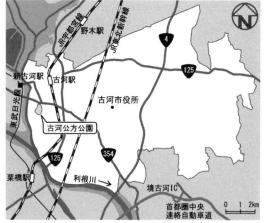

図2　古河公方公園の位置

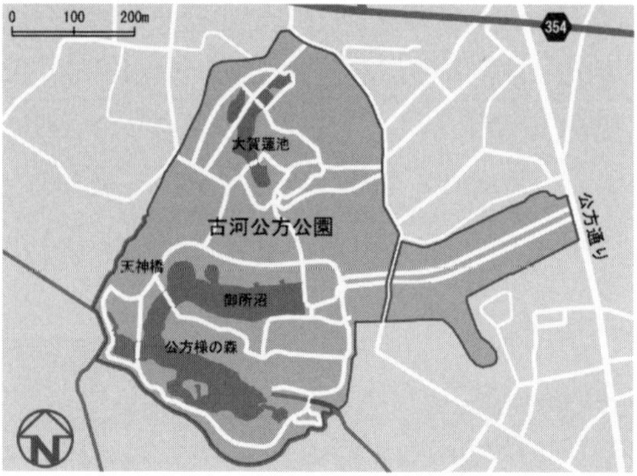

図3　古河公方公園の園内

人で、県で第3の都市に数えられる。利根川に接する市内には、かつて舟運の要衝であった名残も見られる。

　古河公方公園は、1972年策定の古河総合公園基本構想に基づいて計画され、1996年に御所沼を含む主要部分（約21ha）が概成し、1998年には管理棟・飲食施設などを含めて大方の完成を見た（図3）。2003年には、優れた文化景観保護活動を表彰するユネスコ・メリナ・メルクーリ国際賞を日本で初めて受賞している。

御所沼と公園整備の経緯

古河の歴史が刻まれた御所沼

　長年にわたり古河市役所で建設部長を務めた野中健司氏は、「古河市民がふるさとを想うときに真っ先に現れる風景は、渡良瀬川の堤防からの渡良瀬遊水地の眺めです。その眺めは古河藩領の歴史を物語る風景であり、地縁・血縁が感じられる生活圏の眺めでもありました」と語る[*1]。

　そのような古河の水網の世界へとつながる渡良瀬川の後背湿地と複雑に交わる台地では、原始古代の遺跡が多数集積するなど、その特異な地理的要因により川と共に歴史を紡いできた痕跡が確認できる。その後、室町時代には、水陸交通の要衝として人・物、そして富が集まる関東屈指の都市にまで成長した。

　古河公方館跡は、足利成氏が1455年に鎌倉から古河に移る際に、御所沼と呼ばれた渡良瀬川の後背湿地に囲まれた舌状台地に構えた館の跡で、後に改修された古河城とともに公方とその子孫たちにより175年間使用されてきた。その館跡について、野中氏は「美称・星湖とも呼ばれた御所沼に囲まれた山水の景勝地に建つ館では、時には文人たちが集い、歌会などの華やかな関東足利文化の拠点施設でもあったのだろうと夢想することもあります」と想いを巡らせる[*2]。

古河公方公園の整備プロセス

　古河公方公園が立地する場所は、台地に挟まれた沼・湿地だったところで、かつては台風などによりしばしば氾濫・浸水する場所であった。戦後すぐに干拓事業が始まり、水田として使われていたが、わずか20年後には国の減反政策により耕作放棄地となってしまった。その後、1972年の基本構想計画の策定を経て、計画区域の北側から公園整備が進められ、1996年に御所沼周辺の工事が完了した。

基本構想計画においては、以下の三つの整備コンセプトが示されていた。

①御所沼とその環境文化の復元

　かつて御所沼周辺で育まれていた生活・文化を公園整備により再生し、水辺の生態系やさまざまな行催事などを復元する。

②生活史と微地形の保存

　公方の館があった台地を残し、御所沼周辺の水路・入江・浅瀬などの多様な水際、微地形を保存・再生していく。

表1　古河公方公園の整備に至るまでの年表

年	出来事
1455	五代鎌倉公方・足利成氏が古河の鴻巣御所に移座し、古河公方と称す
1630	鴻巣御所解体。一部は天領とされ、残りは古河藩領に合併された。御所沼の一部は村の入会地となった
1640頃	鴻巣の桃林が、将軍にも知られる観桃の名所となる
1910	8月10日、利根川とその支流の河川で堤防が決壊。古河でも未曾有の大惨事となる。直後の渡良瀬川改修工事により、新川を開削し、旧河道に合流させて川幅を拡張。この河川改修により、御所沼の西に位置する古河城の主要部分が消滅する（1916年通水）
1925	渡良瀬川改修事業・遊水地化事業（1911～25年）における河川改修により、御所沼に集まる内水の自然流下ができなくなる
1972	古河公方館跡一帯の約21haの地域に古河総合（史跡）公園を建設する基本構想が作成され、12月に都市計画決定される
1989	古河総合公園基本計画見直し。御所沼復元が決定される
1995	天神橋完成
1996	御所沼の復元が完了
1997	古河総合公園周辺整備計画（都市計画決定面積25.2ha、区域拡大4.2ha）策定 パークフロント地区の拡大による公園入口の明確化
1998	管理棟、飲食施設などが完成
1999	パークマスター着任
2003	古河総合（古河公方）公園づくり円卓会議開設 ユネスコ・メリナ・メルクーリ国際賞受賞
2012	渡良瀬遊水地がラムサール条約湿地に登録
2015	合併10周年の市民公募により古河総合公園の愛称が「古河公方公園」に決まる
2020	円卓会議が都市公園法第17条2による法定協議会になる

（出典：野中健司氏編纂の資料に筆者加筆）

③多元的な社交空間の創出

　多彩な市民が関わるきっかけを生み出すパークマスター制度を要として、従来通りの人工的な池として再生するのではなく、歴史ある御所沼の姿を復元することで、人と自然が交わることのできる空間を実現させる。

　足利成氏の移座に始まり、渡良瀬川改修事業を経て古河公方公園が整備される経緯を表1にまとめた。

行政と市民協働の公園運営

　古河公方公園の運営に関しては、「円卓会議」と「パークマスター制度」の二つが導入されており、行政と市民が協働で取り組みを進める体制が整えられている。

　円卓会議は、市民・行政・公園指定管理者の三者が集まり、市民の共有財産としての古河公方公園の価値と可能性を引き出すために2003年に開設された。

　一方、パークマスター制度は、公園の設計監修を務めた中村良夫氏（東京工業大学名誉教授）の提案を受けて導入され、1999年に初代のパークマスターが着任した。パークマスターとは、円卓会議の座長として「公園の魅力を最大限に引き出し、市民と公園をつなぐ役割」を担う人物で、公園の維持管理にとどまらず、イベントの開催といった市民を巻き込んでいく活動を行う牽引役である。具体的な活動としては、市民が公園内の「ホッツケ田」で田植えから収穫まで行う「どろんこクラブ」や、「公方様の森」を拠点として森の間伐や下草刈りなどを行うボランティア活動のほか、里山の生態系の保全を学ぶ「もりもりクラブ」などが育成されている。

　2020年には、古河公方公園の長期的ビジョンである「（新）古河公方公園づくり基本構想」が策定され、これには円卓会議のメンバーも参加して丸1年をかけて審議をつくした結果、新しい手づくりの基本構想が誕生した。

　こうした公園の管理運営に関するコモンズ化（共有資源化）の動きについ

て、野中氏は「公共財としての公園を自らの財産として大切に慈しみ、自らの人生の舞台として使い込むことは、市民1人1人の故郷となるような公園づくりの理念と言えます。この理念を実現するために円卓会議やパークマスター制度があります」と説明する[*3]。さらに続けて、「御所沼の復元から20数年が経ち、古河公方公園では豊かな生態系が育まれています。御所沼のほとりで、トンボが舞い、魚が跳ねる水面が広がる世界に身を置いていると、数千年前から人々の暮らしが営まれてきたこの地の歴史に思いを馳せることができます」と語る。

整備後の多彩な活動

御所沼の水質保全

　池の造成工事では、深いところは4mまで掘削し、水際や池中央に盛り上げて築山を造成した。図4は、公園全体の水網ネットワーク図である。
　雨水の排水については、既存の排水路からの水が御所沼に直接入らないように迂回させることとし、井戸・湧水・循環ポンプなどを活用することで御所沼の水質をできるだけきれいに保つ工夫を施した（図5）。公園の入口に流れる既存の排水路は、ボックス構造の暗渠により公園の西側までバイパス工事が施された。また、鴻巣幹線と呼ばれる南側の排水路は、もともと公方様の森の脇を流れていたが、開渠の水路を新規に設置し、排水を迂回させた。しかし、御所沼の水質対策はこれでもまだ不十分で、この10数年の間に池の水を空にして、底に溜まったヘドロを天日干しする作業を市民ぐるみで行っている。

風土の継承と市民参加を促進するイベントの実施

　古河公方公園の最大の特徴とも言える「風土の継承・発展」については、かつての地域の生活・文化を偲ぶとともに、新たに生まれた御所沼の水辺に

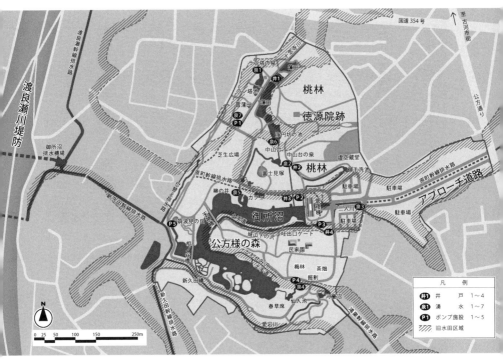

図4　公園全体の水網ネットワーク

図5　水質が改善された御所沼

上：図6　大勢の市民が参加する「古河桃まつり」（提供：野中健司氏）
左：図7　ランドスケープ化された公園（提供：中村良夫氏）

市民が関わりを持つことで生まれる「湿地文化の創出」が目指されている。風土の継承においては、「使うこと」が「創造すること」そのものになることが理想である。その理想に向け、古河公方公園では1年を通じてさまざまなイベントが実施されており、毎年3月下旬から4月頭にかけて開催される「古河桃まつり」には1日に1万人近くの観光客が訪れる（図6）。

　また、干拓事業により美田が広がっていたかつての姿が公園のプランづくり

に活かされており、園内には小さな田んぼが造成されている。この田んぼでは、地元の子どもたちによる田植えや稲刈り等のイベントが毎年実施されている（図1）。そのほか、茶摘みや茶会などのイベントも多数の市民参加により支えられている。

土木資材によるランドスケープ化

　もう一つの特徴として、土木資材のプレキャスト部材を用いて、公園施設のランドスケープ化を図っていることが挙げられる（図7）。水辺で遊ぶ子どもたちにとっては、自然の踏み石も人工の六脚ブロックもランドスケープの一部として変わらない。通常なら土木資材として使用される中空三角ブロックや連接ブロックも、この公園ではそこで遊ぶ子どもたちによってランドスケープ化された風景の一部となっている。

周辺地域への波及効果と新たな課題

　古河公方公園の北に位置する旧市街には、古い蔵などが建ち並ぶ町並みが残っている。その中の代表格である蔵を改修した交流施設「坂長」では、年間を通じて催しが行われており、文化の向上に大きく貢献している（図8）。

図8　旧市街に残る蔵を再生した交流施設「坂長」

一方、周辺からの来訪者がもともと多かった古河市であるが、ここで取り上げた古河公方公園の魅力が増していくとともに、主要な鉄道駅であるJR古河駅からのアクセスに便数の少ない路線バスしかなく、マイカーかタクシーでの利用が圧倒的に多い点が問題視されつつある。そこで、古河駅構内にボランティアが常駐する「観光案内所」が設置され、市内観光名所の道案内を行っている。また、駅から2km以上ある古河公方公園への交通機関としてコミュニティバスの運行が開始されているが、便数はまだ限定的であり、その改善が今後の課題となっている。

（岡村幸二）

＊1　野中健司氏へのヒアリング（2019年1月29日）
＊2　野中健司氏へのヒアリング（2019年1月29日）
＊3　野中健司氏へのヒアリング（2019年1月29日）

〈参考文献〉
・「渡良瀬遊水地物語 —治水・環境改善と公園化」『インフラ整備70年 vol.1』建設コンサルタンツ協会、2019年
・中村良夫『湿地転生の記』岩波書店、2007年

5章

サステイナブル
ツーリズム

最先端の環境政策が注目を集める

サステイナブルツーリズムとは

迫られる環境問題への対応

　現在、二酸化炭素の排出による気候変動、廃棄物による陸上や海域の汚染、工業地域における公害の発生など、環境を取り巻く問題が世界規模で拡大している。

　そして、こうした人間の産業活動や生活が及ぼす環境への負の影響を、先駆的に解決する取り組みで世界的に注目を浴び、結果として多くの交流人口を受け入れている地域がある。

本章で紹介するサステイナブルツーリズム

　本章では国内の2事例と海外の1事例を紹介するが、それぞれ独自の視点で環境政策を進めており、観光や交流との接続の方法も異なっている。

　最初に紹介するのは、徳島県上勝町である。

　上勝町は、「葉っぱビジネス」を展開していることで知られるが、それと同時に長年取り組んできたのが「ゼロ・ウェイスト」（ゴミをゼロにする）活動である。ゴミのリサイクル率は、2018年時点で81％にとどまっており、目標の100％達成にはまだ困難な状況ではあるが、日本の自治体の中では第21位（2018年）の高さを誇る。

　その施策にはユニークなものが多く、「ゴミ収集車が存在せず、町民自ら

ステーションにゴミを持ち込む」「リサイクル先が見つかるたびに分別数を増やしている（2016年以降、45分別）」「生ゴミはすべて家庭内でコンポスト化している」といった施策は、他の自治体から注目を集めており、視察目的の交流人口の増加につながっている。さらには、町が掲げる「ゼロ・ウェイスト」の目標に共鳴し、その施策に協力したいという人たちが移住あるいは長期滞在するケースも見られる。

こうした上勝町の活動に対しては、「小さな町だからできるのであって、大都市や中規模都市には適用できない」という声もあるが、「コーヒーの量り売り」などの民間事業者の新たなビジネスモデルも次々に生まれており、環境に興味を持つ人々にとっては先進地となっている。

次に紹介するのは福岡県北九州市である。

近代以降、産業都市として発展を遂げてきた北九州市は、高度成長期に引き起こされた公害を克服してきたまちとして知られる。さらに、公害を克服するだけでなく、その過程で築かれた産・官・民の協力体制で、世界の「環境首都」を目指す活動を積極的に行っている。

公害被害を受けた他の地域が「公害のまち」というレッテルを隠すことを優先しがちななか、北九州市では自身の公害克服の経験を他地域の参考にしてもらおうと積極的に公開するとともに、その後の環境問題への取り組みについても世界に向けてアピールしている。

交流人口の獲得に関しては、広くは「産業観光」という手法を採りつつ、その中で独自の「環境観光」の取り組みを確立している。

最後に紹介するのが、デンマークの首都コペンハーゲン市である。

2017年に同市の観光DMOが打ち出したのが、「従来型の観光の終焉（The End of Tourism as We Know It）」という戦略である。このタイトルからもわかるように、同市で実施されている取り組みには、今後の大都市における「観光」のイメージを一新するようなインパクトが感じられる。

国際的な観光地として著名なコペンハーゲン市だが、近年は環境に優しい都市をつくる政策を強化してきた。その結果、ヨーロッパの環境首都に選定されるなど、環境先進都市としての地位を揺るぎのないものとしている。

そんなコペンハーゲン市でも、過去には他の多くの大都市と同様に、これまで環境と観光とを切り分けた政策が実施されてきた。すでに集客効果の高い観光資源が多数ある一方で、「環境に優しいまち」は人を引きつける資源にはなりにくいからだ。

　そのような状況に対して、コペンハーゲン市は、年間の一時期そして一部の地域だけに観光客が集中することによって生じる「オーバーツーリズムの解決」と「環境に優しい生活の実現」という、二つの目標を観光と環境を組み合わせた一つのテーブルに置くことで、市民が営む環境に優しい生活そのものを観光資源として位置づけ、「市民と一緒に生活してみたい」人たちを「これからの観光客」とする政策を打ち出したのである。

　「従来型の観光を捨てる」と決断したコペンハーゲン市の「サステイナブルツーリズム」が今後どのように展開するのか、注目していきたい。

（三上恒生）

5-2

上勝町（徳島県）
ゼロ・ウェイストで実現するサーキュラーエコノミー

上勝町の概要

　上勝町は、徳島県の中部に位置する人口1453人・756世帯（2022年1月1日現在）の小さな町である。四国で最も人口が少なく、日本全国でも同町より人口の少ない町は数カ所しかない。そんな小さな町ながら、上勝町は「葉っぱビジネス」や「ゼロ・ウェイスト運動」といったユニークな取り組みで、日本のみならず世界的に知られている。

図1　ゼロ・ウェイストセンターのごみ分別・保管所

徳島阿波おどり空港から上勝町の町境までは約40km、車で1時間程度の距離である。少し苔むした「日本で最も美しい村」連合の看板のあるトンネルを抜けると、上勝町の集落が姿を見せ、県道の南北に約110km²の町域が広がる。標高1439mの高丸山を町内の最高峰として、町の面積の約86%を山林とする山間集落の町である。町内には、日本の棚田百選の「樫原の棚田」や日本の里百選の「八重地」、かおり風景百選の「神田」があり、勝浦川沿いには弘法大師ゆかりの月ヶ谷温泉がある。

　上勝町は1955年に高鉾村と福原村が合併して発足し、55の集落で構成されている。発足時には6千人を超える人口を有していたが、その後は減少の一途を辿り、現在に至っている。また、高齢化が顕著で、65歳以上の人口の割合は52%を超える。上勝町が2020年4月に策定した「上勝町地域創生人口ビジョン」では、2040年には人口が743人にまで減少すると推計されており、この人口減少のスピードに歯止めをかけて1千人程度の人口を確保することを目標に、持続可能な地域づくりに取り組んでいる。

全国の注目を集めた「彩」と「ゼロ・ウェイスト」

　上勝町では、2018年6月に「上勝町SDGs未来都市計画」を策定し、持続可能で安心安全に暮らせる地域づくりを進めており、内閣府により「SDGs未来都市」にも選定されている。この「上勝町SDGs未来都市計画」と前述の「上勝町地域創生人口ビジョン」を受けて、町は2020年5月に「上勝町地域創生総合戦略（第2期）」を策定し、第1期に続き、これまでの活動で培った町のブランド、すなわち「地域資源」とも位置づけられる「いろどり」「ゼロ・ウェイスト」に「教育」を加えた三つの戦略事業を柱として2024年度まで取り組みを継続させることにしている（図2）。

　上勝町の名をまず世に知らしめたのは、「彩」事業と呼ばれる葉っぱビジネスであろう。町で生産される葉っぱや花を、和食に添える「つまもの」として商品化し、「彩」という名で開発・販売してきたビジネスである。

　1986年に立ち上げられたこの取り組みは、「いっきゅうと彩の里・かみか

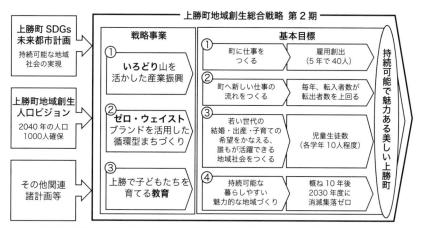

図2　上勝町地域創生総合戦略（第2期）における三つの戦略事業と四つの基本目標
（出典：「上勝町地域創生総合戦略（第2期）」（2020年）等をもとに筆者作成）

つ」という町のキャッチフレーズにもなるほどに代表的な産業になっており、これまで多くのメディアで紹介されてきた。開始当初は4軒しかなかった生産農家は今や150軒を超え、年商2億6000万円を稼ぐ一大ビジネスに成長している。立ち上げ以来35年を超えてなお他の追従を許さない葉っぱビジネスの秘訣は、農家、農協（JA）、そして株式会社いろどり（上勝町などが出資して設立された第3セクター企業）による三位一体のビジネスを、「上勝情報ネットワーク」のシステムで行うしくみにある。だが一方で、後継者の育成が大きな課題となっており、実地体験や長期研修等を通じた若い担い手の就農を図っている。なお、「いっきゅう（1Q）」とは、町民が一休さんのように知恵を使って問題（Question）に取り組み、まちづくりを推進する、さまざまな住民参加型活動のことである。

　もう一つの地域資源である「ゼロ・ウェイスト」については、2003年に全国で初めて「ゼロ・ウェイスト宣言」を議決し、町を挙げて廃棄物の減量化と資源の有効利用に積極的に取り組んできた。その成果や課題を踏まえて、2020年12月には2030年に向けた新たな「ゼロ・ウェイスト宣言2030」を再び採択し、挑戦を続けている。以降では、特にこの「ゼロ・ウェイスト」に関する取り組みについて詳しく紹介したい。

ゼロ・ウェイストに至る経緯と町の変化

　葉っぱビジネスが始まった当時、上勝町のごみの大半は、住民が各自、日比ヶ谷地区の野焼き場に持ち寄り、焼却処理されていた。この野焼き場はもともと残土処分場であったが、誰かが捨てたごみがごみを呼び、いつからか町が暫定的なごみ処理場として管理するようになっていた。途上国でよく見られる典型的なオープンダンプである。

　その後、財政的に余裕がなかったために野焼き場から脱却できない状況が続くが、1997年に「日比ヶ谷ゴミステーション」を開設してごみの分別を開始するともに、1998年に小型焼却炉を2基設置し、焼却とリサイクルの両輪体制を構築した。しかしながら、小型焼却炉に係る法改正等に伴い施設の維持が困難となり、2001年には両焼却炉を閉鎖、代わって34に及ぶ徹底的な分別によるごみの減量を目指すこととなった。ごみの分別は、2022年1

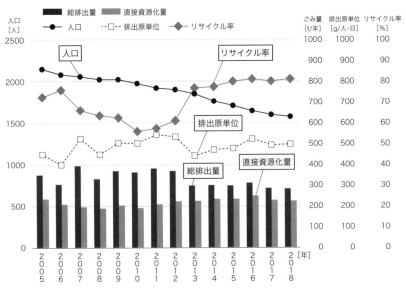

図3　上勝町のごみに関する各種データの推移
（出典：環境省「一般廃棄物処理実態調査結果」（2005 ～ 2018 年度）をもとに筆者作成）

月現在、13種類45分別に増加している。

　図3は、環境省が毎年集計している「一般廃棄物処理実態調査結果」をもとに、上勝町における年間のごみ発生量および資源化量、ごみ排出原単位（1日に1人が排出するごみの量）、リサイクル率の変遷をグラフにしたものである。2007年から2012年にかけてごみの総排出量が増加し、リサイクル率が一時的に低下しているものの、資源化量は年々増加もしくは横ばい傾向にある。また、近年は80％前後のリサイクル率を維持しており、2013年から常に日本のリサイクル率ベスト3に名を連ねている。一方、ごみ排出原単位は500g前後で推移しており、2018年には全国で21番目に少ない自治体となった（最も少なかったのは長野県南牧村の306g）。このようにごみの排出量を減らしつつ、資源化量の最大化を図る活動を支えてきたのが「ゼロ・ウェイスト」に向けた取り組みであり、それが住民参加によるまちづくりの骨幹となっている。

ゼロ・ウェイストに向けた活動

リデュース・リユースの取り組み

　2003年に発表された「ゼロ・ウェイスト宣言」では、リサイクルされずに焼却・埋立処分されるごみを2020年までに「ゼロ」にすることが掲げられていた。さらには、ごみそのものを発生させないための「リデュース」と「リユース」、いわゆる「2R」にも積極的に取り組んできた。

　リデュースの活動としては、家庭用生ごみ処理機やコンポストの普及促進による生ごみの堆肥化に加えて、「量り売り」協力店舗の拡大、ポイント付与制度を活用した「ノー・レジ袋キャンペーン」を実施してきた。また、「ゼロ・ウェイスト認証制度」を採り入れ、ゼロ・ウェイストに取り組む飲食店等を認証・紹介することで、事業者と利用者の双方の意識向上・行動変容を促している。一方、リユース活動としては、町民が「不要になったけれどまだまだ使えるもの」を持ち込み、誰でも無料で持ち帰れる「くるくるショッ

プ」や、「くるくる工房」と呼ばれるリメイク専門店を開設し、日用品や衣類等の再利用・再活用を促進してきた。

ゼロ・ウェイストセンターの開設

また、2020年4月には、日比ヶ谷ゴミステーションが「ゼロ・ウェイストセンター」にリニューアルされた（図4）。このセンターにはさまざまな仕掛けが散りばめられており、従来のごみの分別・保管場所としての機能に加えて、前述の「くるくるショップ」、町内外の人と交流できるホールやシェアオフィス、体験型ホテルが併設されており、住民からの希望があったコインランドリーも設置されている（図1、5）。

建物には上勝町の杉がほぼ丸太の形で使われており、内外装や什器には不用品や廃材が再利用されている。そして、住民のごみ分別を円滑にする動線を考慮した上で、上空から見ると疑問符「？」の形にデザインされている。この形には、ごみと向きあうことによって社会に対して「なぜ？」と問いかけようというメッセージが込められている。同センターに「WHY」という

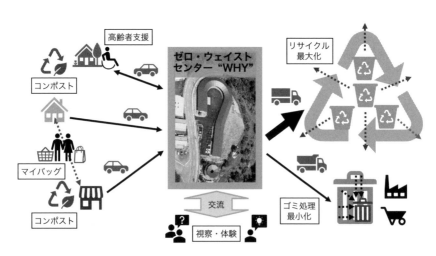

図4　ゼロ・ウェイストセンターのしくみ
（出典：上勝町およびゼロ・ウェイストセンターへのヒアリング等をもとに筆者作成／写真提供：上勝町）

図5　ゼロ・ウェイストセンター内のホール

愛称がつけられた所以である。

　同センターは、上勝町からの指定を受けた指定管理者（株式会社 BIG EYE COMPANY）が運営管理を行っており、町内外から集まった若者を中心に新たなゼロ・ウェイストに向けた取り組みを開始している。

ゼロ・ウェイストの活動を牽引する組織

　これらの活動を牽引してきた組織が、2005 年に発足した「NPO 法人ゼロ・ウェイストアカデミー」である。アカデミーでは、上勝町との協力関係のもと、ゼロ・ウェイスト活動を単なる一自治体のごみ減量化にとどめることなく、住民参加型のまちづくりへと拡張し、広く国内外から人が集う場づくりへと成長させてきた。

　そうした姿勢は、アカデミーの歴代の事務局長や理事長に町外出身者が名を連ねていたことにも表れている。常に若々しく新しい変化の風を町に吹き込みつつ、町外への発信も積極的に行うアカデミーの一連の活動により、今では「ゼロ・ウェイストと言えば上勝町、上勝町と言えばゼロ・ウェイスト」と言われるほどになった。その結果、これらの活動理念に賛同し、ゼロ・ウェ

イストに取り組む自治体も増え、上勝町と同様に「ゼロ・ウェイスト宣言」を採択する自治体も現れている。

さらに2018年には、行政と多様な立場の町民が共同でゼロ・ウェイスト施策を検討する「ゼロ・ウェイスト推進協議会」も設立された。現在は、町役場の企画環境課、ゼロ・ウェイストセンターのスタッフ、ゼロ・ウェイスト推進員（2020年4月現在、7名）およびアカデミーが中心的なメンバーとなっている。

こうした活動を進めてきたアカデミーは、2020年に事業を見直し、法改正や脱焼却炉活動をリードする団体としての再スタートを切っている。一方、ゼロ・ウェイスト活動そのものはごみを排出している当事者である町民と事業者自身の積極的な参加に支えられながら継続されている。

交流・関係人口の拡大と新たな担い手の育成

増加傾向にある来訪者・移住者

上勝町における観光入込客数と宿泊客数の実績（2014年度および2018年度）と目標（2024年度）を表1に示す。現状の宿泊施設のキャパシティを考えると、今後も年間11万人前後で推移していくものと思われる。

また、上勝町への視察者数の推移を表2にまとめた。近年は全体で年間2千人程度の視察者があり、その内訳を見ると、2018年度からゼロ・ウェイ

表1　上勝町の観光入込客数・宿泊客数の実績と目標

	2014年度（実績）	2018年度（実績）	2024年度（目標）
観光入込客数	70,787人	109,637人	110,000人
宿泊客数	6,000人	8,031人	10,000人
外国人宿泊客数	73人	334人	350人
修学旅行生等受入人数	記載なし	160人	800人

（出典：上勝町「上勝町地域創生総合戦略」第1期（2009年）および第2期（2020年）をもとに筆者作成）

表2　上勝町の視察者数・視察内容別割合の推移

	2011 年度	2012 年度	2013 年度	2014 年度	2015 年度
視察者数	3,004 人	2,455 人	2,541 人	2,213 人	2,785 人
彩事業視察者の割合	47%	53%	53%	37%	32%
ゼロ・ウェイスト事業視察者の割合	20%	15%	21%	16%	14%
	2016 年度	2017 年度	2018 年度	2019 年度	
視察者数	1,891 人	2,036 人	1,961 人	2,134 人	
彩事業視察者の割合	35%	28%	27%	23%	
ゼロ・ウェイスト事業視察者の割合	21%	22%	29%	30%	

（出典：上勝町「広報かみかつ」2012 ～ 2020 年の各年 6 月号をもとに筆者作成）

表3　上勝町への移住者数・移住世帯数・定住率の推移

	2013 年度	2014 年度	2015 年度	2016 年度
移住者数	18 人	21 人	26 人	19 人
移住世帯数	17 世帯	15 世帯	15 世帯	16 世帯
移住者の定住率	—	—	73.1%	73.7%
	2017 年度	2018 年度	2019 年度	2020 年度
移住者数	29 人	21 人	44 人	50 人
移住世帯数	14 世帯	17 世帯	34 世帯	39 世帯
移住者の定住率	44.8%	71.4%	88.6%	—

注：移住者については単なる仕事都合のみの者や施設入所者を除く。移住者数は毎年度末の集計による（定住率は 2020 年 12 月 1 日現在）。
（出典：上勝町「人口の推移（移住者実績）」およびヒアリングをもとに筆者作成）

スト事業が彩事業を上回っており、ゼロ・ウェイストセンターの開設により
ゼロ・ウェイスト事業の視察者はさらに大きく増加することが予想される。

　人口ビジョンで予測されている人口減少に歯止めをかけることが大きな課
題となっている上勝町では、一時滞在や体験機会の提供を中心に、移住を促
進する以下の取り組みを実施している。

　・株式会社いろどりによるインターンシップ研修

・地域おこし協力隊事業への参加による人材育成
・移住ポータルサイト「上勝パラダイス宣言」の開設
・「移住交流支援センター」の設置
・「お試し暮らし体験」の実施

　これらの取り組みの成果もあり、現在は毎年、一定数以上の移住者がやってくる状況が続いている（表3）。特に移住ポータルサイト「上勝パラダイス宣言」がオープンした2018年3月以降に、移住者数が大きく増加している。

新たな担い手の育成

　前述の通り、「上勝町地域創生総合戦略（第2期）」では、上勝町がこれまでに育ててきた二つのブランドである「彩」と「ゼロ・ウェイスト」に加えて「教育」を柱にまちづくりを発展させつつ、未来を担う子どもたちを育てていくことが明示されている。

　この戦略を支えるのは、従来の町民はもとより、若き移住者たちである。上勝町の移住者にはIターン・Uターン・Jターンとさまざまなタイプがあり、町の二つのブランドへの関わりが移住のきっかけになった例は少なくはない。実際、ゼロ・ウェイストセンターのスタッフ、「ゼロ・ウェイスト認証」を受けた事業者たちの多くが移住者であり、今では互いのネットワークを通じてさまざまな活動で協働している。例えば、上勝町で「サステイナブルツーリズム」を掲げて体験型観光を提供している合同会社パンゲアの代表者である野々山聡氏も、上勝町でのインターンシップや地域おこし協力隊への参加をきっかけに移住し、町で受け入れている各種視察の窓口も担当している。

　「彩」事業では、上勝町の葉っぱが「つまもの」というニッチな市場で価値ある地域資源となりうることに着目し、疑心暗鬼だった町民が成功体験を積み上げて規模を拡大してきた。生産を担う高齢者にとっては、自身の人生経験と知識を活かしながら、新たにIT端末を使うことを覚え、楽しく働き続けられることが健康維持にもつながっており、結果として医療費も抑えられているという。そんななか、上勝町ではこの産業を新たな担い手に受け継

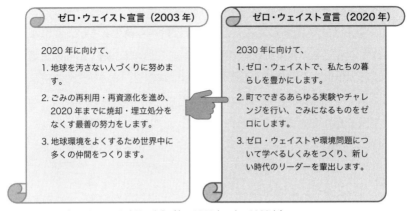

図6　上勝町のゼロ・ウェイスト宣言の変化（左：2003年、右：2020年）
（出典：上勝町のウェブサイトおよび「広報かみかつ」2021年1月号をもとに筆者作成）

いでいくために「彩山構想」を発案し、月ヶ谷温泉周辺の約30haの杉林を
葉っぱビジネスに適した「彩山」として整備するとともに、研究・人材育成
を行う「彩山実習園」、新たな観光スポット「いろどり橋」を完成させている。

時代を先取りする上勝のこれから

　2020年12月に新たに採択された「ゼロ・ウェイスト宣言」では、ゼロ・
ウェイストを通じた人づくり・仲間づくりを継続しながら、それを町民の豊
かな暮らしに還元するとともに、新しい時代のリーダーたちの育成を図って
いくことが示されている（図6）。
　一般的にごみの処理は「廃棄物処理法（廃棄物の処理及び清掃に関する法
律）」に基づいて行政サービスの一環として行われるものだが、その上位法
である「循環型社会形成推進基本法」において国民の責務として掲げられて
いる「廃棄物の排出を抑制し、再生品の使用等により廃棄物の再生利用を図
り、廃棄物を分別して排出し、その生じた廃棄物をなるべく自ら処分するこ
と等により、廃棄物の減量その他その適正な処理に関し国及び地方公共団体
の施策に協力しなければならない」という条文をまさに実直に実践している
のが上勝町だと言える。

筆者を含め国内外の都市で廃棄物管理計画の策定に関わってきた者にとっては、「住民がごみを持ち寄る」というのは目から鱗であるが、実際に現地を訪れてみるとその背景を理解できる。まばらな集落を結ぶ山間の狭隘な道路にごみ収集車を走らせることは非効率極まりなく、その一方で町民は日常生活で車を使っており、その移動をごみ出しに利用しない手はない。他方、移動手段を持たない高齢者らに対しては、定期的に安否確認も兼ねた収集サービスも提供されている。こうしたゼロ・ウェイスト活動をはじめとして、上勝町のまちづくりへの取り組みでは誰もが主役であり、そして誰ひとり取り残さないというまさにSDGsの考え方が根底にある。

　2003年に開始されたごみをゼロにする上勝町の試みはまだ道半ばではあるが、その経験は消費後にごみとなるモノの生産・消費のしくみに対して「疑問符」を投げかけるものでもあり、2022年4月から施行される「プラスチックに係る資源循環の促進等に関する法律」はその「答え」の一つとも言えるものであろう。

　2020年からの世界的な新型コロナウイルス感染症の影響は上勝町にも及び、ごみの量は増えてしまったとのことだが、一方でワーケーションやリモートワークといった人々の働き方の変化は上勝町に人を呼び込む追い風となるかもしれない。

（副田俊吾）

〈参考文献〉
・笠松和市、佐藤由美『持続可能なまちは、小さく、美しい』学芸出版社、2008年
・横石知二『そうだ、葉っぱを売ろう！』ソフトバンククリエイティブ、2007年
・「ゼロ・ウェイスト宣言　目標の2020年を迎えて」『くるくる』vol.11、2020年
・「2020年「ゼロ・ウェイスト宣言」達成に向けた歩みと今後の展望」『一般社団法人持続可能社会推進コンサルタント協会会報』第84号、2020年
・菅翠「みんなで協働し、ごみゼロの町へ　上勝町ごみゼロ（ゼロ・ウェイスト）宣言」『住民と自治』2019年9月号
・石川菜央「徳島県上勝町における地域ブランドの確立と移住者による認知」『広島大学総合博物館研究報告』7、2015年
・木村自「農山村地域におけるIターン移住と地域社会との接合について」『応用社会学研究』No.62、2020年
・徳島県上勝町「上勝町地域創生人口ビジョン」2020年4月
・徳島県上勝町「上勝町地域創生総合戦略（第2期）」2020年3月
・徳島県上勝町「上勝町SDGs未来都市計画」2018年7月

5-3

北九州市（福岡県）
SDGs 先進都市が取り組む産業・環境観光

北九州市の概要

　北九州市は、関門海峡に面する九州最北端の都市である。1901 年に操業を開始した官営八幡製鐵所等の重化学工業をベースに日本の経済発展を支えるとともに、九州の玄関口として栄えた歴史を持ち、1963 年に門司・小倉・若松・八幡・戸畑の 5 市の対等合併を経て、三大都市圏および都道府県庁所

図1　北九州市の工場夜景（出典：全国工場夜景都市協議会資料）

在地以外では初の政令指定都市となった。

　人口の推移を見ると、1951 年に初めて 100 万人を突破し、1979 年に約 107 万人とピークを迎えたが、その後は微減傾向が続き 2019 年 6 月時点での人口は約 94 万人となっている。

　産業都市として発展してきた同市には現在も多数の製造業や環境産業が立地している（図 1）。また、アジア外交を積極的に展開しており、2010 年 6 月に開設されたアジア低炭素化センターを中心にアジア地域へ環境技術を輸出している。

北九州の地域資源と観光への活用

　北九州市には小倉城や門司港などの観光スポットが存在するが、本稿で着目する地域資源は、1900 年代から発展してきた「産業の蓄積」、そして「大きな公害を克服した歴史と技術」、さらに「環境首都を目指すクリーンエネルギー等の先進的な取り組み」の 3 点である。

　市では、これらの地域資源を観光と結びつけるために、「産業観光」というコンセプトを全国に先駆けて提唱し、その中で「環境観光」という他都市にはない独自の取り組みも行っている。さらには、「公害被害」を起こしたという過去の「失敗経験」を積極的に発信し、同じ過ちを繰り返さないことを世界に向けて呼びかけている点がユニークなところである。

産業観光とは

地元企業の工場見学からスタート

　「産業観光」とは、ものづくりの現場などを訪れ、地域の人々や生産に携わっている人々との触れあいや交流を図るなど、広く産業に関する「見学」と「体験」からなる観光のことである。2007 年に国土交通省から「産業観光ガイドライン」が示され、1997 年に設立された「全国産業観光推進協議

会」が国内各地でフォーラムなどを実施している。したがって、国内の産業観光の取り組みはそれほど古くない。

　北九州市では、2000年前後から観光と工場群の見学ツアーを組み合わせて修学旅行の誘致などを開始し、2006年の観光振興プランにおいて「北九州版産業観光の確立」が掲げられた。2009年には、全国産業観光推進協議会と公益社団法人日本観光振興協会が主催する「産業観光まちづくり大賞」で金賞を受賞している。

　「日本製鉄九州製鉄所」やロボット産業の先端基地として知られる「安川電機」、衛生陶器の最新技術を誇る「TOTO」、国内有数の老舗石けんメーカーの「シャボン玉石けん」など、普段は見ることのできないものづくり工場の裏側を見学できるツアーを行政主導で展開してきたが、2014年度に入り、北九州商工会議所の産業観光推進室、北九州市の観光にぎわい部、公益財団法人北九州観光コンベンションセンターの三者が共同で「産業観光センター」を設置し、官民一体となった推進体制が確立された。

　産業観光センターの担当者によると、北九州市の産業観光は、旧来型の物見遊山的な観光とは異なり「知的好奇心を満たす旅」として近年人気が高まっているとのことである。そこでは、「明治日本の産業革命遺産 製鉄・製鋼、造船、石炭産業」の一つとして、官営八幡製鐵所関連施設が2015年に世界遺産登録されたことも追い風になっている。

産業観光の4本の柱

　北九州市の産業観光は、以下の4本の柱で成立している。

①工場夜景

　化学工場などのプラント群、広大な製鉄所など、多種多様な工場夜景（図1）を堪能できる。

②工場見学、資料館

　日本の近代化の礎となった製鉄所、ロボット関連企業、衛生陶器メーカーなどのさまざまな工場見学や、工場に付設された資料館を訪れることができる。

③産業遺産

　世界遺産の官営八幡製鐵所関連施設のほか、門司港周辺等に経済産業省指定の産業遺産が数多く現存している。

④環境

　公害被害を振り返り、環境に関する新たな取り組みや産業について知ることができる（次項にて詳述）。

環境観光とは

環境観光の特徴

　先に紹介した北九州市の産業観光における4本の柱のうち、最も特徴的なものが「環境観光」である。近年、工場見学や夜景ツアーの開催、世界遺産による観光振興は各地で行われているが、「環境観光」を明確に観光の柱に

1960 年代の公害 環境汚染　　　　　　　　取り戻した青空と美しい海

図2　煤煙の空、死の海からの復活（出典：アジア低炭素化センター資料）

掲げているのは、国内では北九州市だけだろう。

　北九州市の環境観光の特徴としては、以下の2点が挙げられる。

　一つ目は、「公害克服の経験」を広くPRしている点である。戦後の高度成長に伴い公害被害を受けた都市は北九州市以外にも存在するが、他の都市ではその負の経験を消し去る傾向が強いのに対して、北九州市では「戦後の復興を担ってきた本市で公害問題が深刻になったが、それを市民、行政、企業が協力して乗り切った」ことを堂々とアピールしている（図2）。その上で、途上国の産業都市が公害を起こすことなく発展できるように、自らの経験を活かしてほしいと呼びかけている。

　もう一つの特徴は、公害被害を克服した北九州市では、その経験を活かして「環境未来都市」「世界の環境首都」を目指しており、その取り組みや関連する環境産業についてもアピールしている点である。このような姿勢がOECD（経済協力開発機構）に評価され、2018年4月にはアジア地域で初となる「SDGs推進に向けた世界のモデル都市」に選定されている。

環境観光の舞台となる主要施設

　環境観光が展開されている場は市内に多数あるが、核となる施設は以下の三つである。

　一つ目は「環境ミュージアム」である（図3）。官営八幡製鉄所発祥の地であり、水素タウン等の近年官民一体となった環境に配慮した都市づくりが継続的に行われている地区に2002年に開館した同施設では、公害克服の歴史とともに、今後必要な3R（リデュース、リユース、リサイクル）のしくみなどを学習することができる。また、世界遺産の官営八幡製鉄所跡などを含む地区全体を「東田ミュージアムパーク」と位置づけ、隣接する「いのちのたび博物館」等と連携しながら情報発信も行っている。

　二つ目は「エコタウンセンター」である。同施設がある響灘地区には、多数の環境産業・リサイクル産業が立地しており、センター内で産業としてのリサイクルのしくみを学んだ後に、実際のリサイクル工場を見学する学習

図3　環境ミュージアム

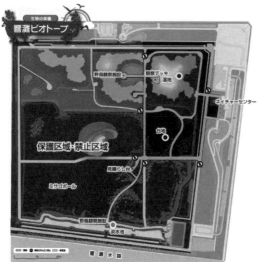
図4　響灘ビオトープ（出典：響灘ビオパーク公式ページ）

ツアーも実施されている。ツアーでは、家電、ペットボトル、自動車のリサイクル工場の人気が高い。

　三つ目は、響灘地区の廃棄物処分場跡地に2012年に誕生した「響灘ビオトープ」である（図4）。41 ha という日本有数の面積を誇る広大なビオトープでは、環境未来都市にふさわしい「自然と共生するまち」の実現に向けて「鳥がさえずる緑の回廊創生事業」が進められており、自然環境の学習拠点にもなっている。

　また、近年、各地で次世代エネルギーパークの取り組みが活発化している。地域内の太陽光や風力・地熱などを活用した再生可能エネルギーのしくみ

を見学・視察できる場を整備して、「地域エネルギー」を新たな「地域資源」として観光客の誘致などに活用する取り組みで、2021年4月現在、経済産業省・資源エネルギー庁により66カ所が認定されている。

響灘を望む埋立地に建つ北九州市の次世代エネルギーパークには、表1に示すような多様なエネルギー施設が集積しており、他の5地域とともに2007年に第1号の認定を受けている。

環境修学旅行の誘致

北九州市では、前述した施設や市内各所の工場を活用して「環境修学旅行」の誘致を行っている。

公益財団法人北九州観光コンベンション協会が作成している『修学旅行ガ

表1　次世代エネルギーパークに立地しているエネルギー関連施設

次世代エネルギーパークの特徴	具体的な主要立地施設
暮らしを支えるエネルギー供給基地	石炭火力・石油備蓄・液化天然ガス基地
次世代を担う自然エネルギー	太陽光・陸上風力・洋上風力・小水力・バイオガス
リサイクルから生まれるバイオマスエネルギー	バイオディーゼル燃料製造
エネルギーの企業間連携（地産地消）	上記の企業間連携・コークス乾式消化・発電

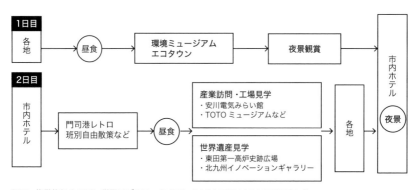

図5　修学旅行のSDGs学習モデルコース（出典：北九州市の資料をもとに真子誠司氏作成）

イドブック 2019』には「北九州市は、明治の八幡製鐵所から続くものづくりの街、公害を克服した環境未来都市、歴史と文化の薫る城下町、豊かな大自然など、さまざまな顔を持つまちです。その特徴を活かして、多様で特徴的な体験型・学習型の教育旅行プログラムを提供しています。新幹線駅、空港、フェリー港が揃い、とってもアクセスしやすい北九州市で、ここしかできない、充実した教育旅行をご提案します」と記載されている。

多様なモデルコースのうち、本書のテーマである「産業観光」「環境観光」に合致した SDGs 学習コースを図 5 に示す。

産業観光を推進する組織の立ち上げ

北九州市における産業観光の取り組みは、「北九州市環境局」「北九州市観光コンベンション協会」「北九州市商工会議所」の三者が協力して推進している。

以前はそれぞれ個別に活動していた組織が力を合わせる体制を整えるために、2014 年に開設されたのが「北九州産業観光センター」である。2020 年10 月現在、各組織からの出向者 7 名で運営されている。

なお、「産業観光」では主役が「産業」であることから、「市民（市民グループ）」の主体的な参加は見られない。一方、「環境観光」に関しては、公害克服の実体験を伝える語り部やリサイクル活動の紹介等で多くの市民がボランティアとして参加している。

産業・環境観光がもたらした効果と変化

観光入込客数の増加

北九州市の産業観光による入込客数は 57 万 4 千人（2019 年、表 2）で、先に紹介した環境観光の主要 3 施設の入込客数（2019 年）は、環境ミュージアムが約 11 万 4 千人、エコタウンセンターが約 9 万 6 千人、響灘ビオトー

表2　産業観光客数の推移

2007年	2010年	2013年	2016年	2019年
26.8万人	25.2万人	26万人	57.4万人	57.4万人

（出典：北九州市観光動態調査）

プが約2万人となっている。

　数字の上で興味深いのは、エコタウンセンターに事前予約をして来訪した利用者のうち約19％が海外から訪れていたことである。国際協力機構（JICA）の九州センターが市内にあり、JICAの招聘者や研修者の多くが市に滞在して、こうした施設を訪問していると考えられる。

シビックプライドの向上

　一般的に産業観光は市内に点在する関連施設や関連企業の工場などで行われているため、市民生活との関わりは薄いのが現状である。また、市が「環境未来都市」「SDGs未来都市」という目標を掲げていても、それを実感できる景観は市内にほとんど存在しない。例えば大規模なゴミ焼却発電施設は、それが環境に優しい生活インフラであることが市民に認識されていない可能性もある。

　そうした状況に対して、北九州市では、市民（特に子どもたち）に向けて環境学習の機会を積極的に提供するなど、市が実施している環境未来都市づくりに対する市民の理解度を高めようと努力している。さらに、公害克服以来築かれてきた行政と市民の信頼関係の上に、大都市では不可能と言われてきたごみ袋の有料化などの施策も実行してきた。

　国内外から多数の人が産業観光・環境観光のために北九州を訪れることは、環境未来都市に住んでいることを市民に再認識してもらい、アイデンティティやプライドを向上させることに大いに役立っている。なお、現在のところ産業観光によるオーバーツーリズム等の問題は起きていない。

リモートによる情報発信・交流活動

　アジア地域への環境技術の輸出などを積極的に行ってきた結果、同地域での北九州市の認知度は高まっており、今後はアジア諸国からのインバウンドの増加も期待される。

　しかしながら、2020年には、コロナ禍の影響により市全体の観光客数、特にインバウンド客数は激減している（2020年の産業観光客数は12.8万人と大きく落ち込んだ）。そんななか、コロナ以前から始まっていた「リモート」による情報発信・交流の動きが本格化し、ガイド役が参加者の目線で工場内を見学する模様を配信したり、同じ環境未来都市を目指している海外都市とリモートで会議するなどの取り組みも始まっている。

　そもそも産業観光・環境観光は、観光客を集めて観光収入を上げるというよりも、市の知名度を国内外でアップさせ、市民のシビックプライドを高め、地元産業（特に環境関連）の技術を輸出することが主要な目的である。そういう意味では、物理的に北九州に足を運んでもらえなくても、それらの目的を達成する手段は各種存在するであろう。

　以上のような北九州市の「産業観光」「環境観光」の取り組みは、地域に立地している産業を資源として観光に結びつけながら誘客するとともに、地域産業の発展にも貢献する成功事例として、今後さらに注目を集めるに違いない。

（三上恒生）

5-4

コペンハーゲン市（デンマーク）
観光客と市民が共に都市生活を楽しむ観光戦略

コペンハーゲン市の概要

　コペンハーゲン（København）市は、人口約80万人（2021年1月）を擁するデンマークの首都で、バルト海東部に浮かぶシェラン島の東端に位置し、海峡を挟んでスウェーデン南部のスコーネ地域と隣接している。この海

図1　運河に沿ってカラフルな古い建物が軒を連ねるニューハウン（© fotoma）

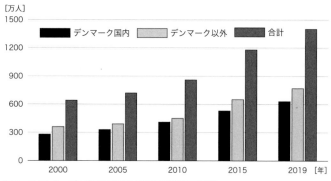

図2　コペンハーゲン首都圏を訪れる宿泊観光客数の推移
（出典：Statistics Denmark のデータをもとに筆者作成）

峡には2000年に橋と海底トンネルが開通しており、コペンハーゲンとスコー
ネ地域を合わせたエーレスンド地域は「コペンハーゲン都市圏」とも称され、
その人口は200万人（2021年1月現在）に及ぶ。

　12世紀半ばまでヴァイキングたちの小さな漁港町だったコペンハーゲン
は、商業港が整備されることで発展を遂げてきた。ちなみに、コペンハーゲ
ンはデンマーク語で「商人の港」を意味する。

　市内には、中世の名残を残す町並み（図1）、チボリ公園、アンデルセン
童話に登場する人魚姫の像、アンデルセンの住居跡や墓地等の名所が数多く
あり、しかも、それらが徒歩圏内で回れることも魅力の一つとされている。

　コペンハーゲンを中心とする首都圏には、こうした観光名所を目当てに多
数の宿泊観光客がやってくる。その数字を見てみると、2000年以降増加傾
向にあり、2019年には約1400万人（国外からは約770万人）の宿泊観光客
が訪れている（図2）。

幸福度が高い環境先進都市

　その一方で、コペンハーゲンは、観光地以外にもさまざまな面で世界の注目
を集めている都市でもある。以降で、その多様な「まちの顔」を紹介していこう。

幸福度の高いまち

　国連では、2012 年以降、毎年（あるいは 2 年に一度）世界各国と主要都市の「幸福度」を調査し、それをもとに「世界幸福度ランキング」を公表している。ランキングは、以下の 5 項目に関する評価をもとに判定されている。

①経済的な豊かさ（1 人当たりの GDP）

②社会的支援（ソーシャルサポートや頼ることのできる親戚・友人）の有無

③健康寿命

④人生の選択の自由度（人生で何をするかの選択の自由に満足しているか）

⑤寛容さ・気前の良さ（過去にチャリティ等に寄付したことがあるか等）

⑥腐敗の認識（不満・悲しみ・怒りの少なさ、社会・政府に腐敗が蔓延していないか）

ランキングでは、北欧の国々が上位に来ることが多く、2012 年・2013 年・2016 年はデンマーク、2017 年はノルウェー、そして 2018 年以降は 4 年連続でフィンランドが 1 位となっている。デンマークについては、2019 年から 3 年連続で 2 位にランキングされており、フィンランドと並んで「幸福度が高い国」として評価されている（表 1）。なおコペンハーゲンには、2020 年に世界初の「幸せ博物館（Happiness Museum）」がオープンしている。

　ちなみに日本は、2018 年のランキングでは 54 位だったが、2019 年には

表1　2021 年の世界幸福度ランキングにおける上位 10 カ国

1 位	フィンランド	6 位	ノルウェー
2 位	デンマーク	7 位	スウェーデン
3 位	スイス	8 位	ルクセンブルグ
4 位	アイスランド	9 位	ニュージーランド
5 位	オランダ	10 位	オーストリア

（出典：国連発表の「世界幸福度ランキング」をもとに筆者作成）

58位、2020年は62位と後退し、2021年には56位となっている。先進国の中では順位が低く、先に挙げた評価項目のうち④の「人生の選択の自由度」、⑤の「寛容さ・気前の良さ」の評価が特に低い。

環境首都

　近年、コペンハーゲンでは「環境首都」の創造に向けたまちづくりが積極的に展開されており、2014年にはEUのヨーロッパ委員会により「ヨーロッパ環境首都」にも選出されている。ヨーロッパ環境首都は、気候保全、交通、都市の緑化、自然・生物多様性などの12の項目の指標について評価され、ヨーロッパの都市の中から毎年1都市が選出されるものである。

　同市では、2012年に「CPH2025気候プラン」を発表し、2025年までにカーボンニュートラル（エネルギーを100％再生可能エネルギーで賄うこと）を実現させるためのさまざまな政策を実施している。具体的には、風力発電、バイオマス発電や太陽光発電の活用、全市にほぼ普及している地域暖房に続く地域冷房の導入、電気バスの導入、建築物や住宅のエネルギー改修といった取り組みが進められている。

図3　中央駅付近の朝の自転車通勤風景
（提供：蒔田智則氏）

自転車のまち

　先のカーボンニュートラル政策にも貢献する形で、公共交通および自転車の利用を促進しており、「自転車のまち」としても世界の注目を集めている。

　市内には自転車専用道・専用レーンが整備され、市外からの通勤・通学者の約半分、市内の通勤・通学者

の約3分の2が自転車を利用しており、また自転車運転のルールの徹底により近年はサイクリストの重大事故件数も激減している（図3）。

従来型の観光から市民と生活を共に楽しむ観光へ

観光DMOが打ち出した新たな戦略

コペンハーゲンにおいて、観光政策の推進役を果たしているのが、コペンハーゲン首都圏の観光DMOである「ワンダフル・コペンハーゲン（Wonderful Copenhagen）」（以降、WC）である。

2017年にWCは「従来型の観光の終焉（The End of Tourism as We Know It）」という新たな観光戦略を発表した。「ローカルフッドの新たな始まりに向けて（Towards A New Beginning of Localhood）」というサブタイトルがつけられた戦略では、「観光客を含めたすべての人の地元を目指す」ことが示されている。

WCの打ち出した観光戦略では、以下のような内容が記載されている。

・観光客として扱われることを望む従来型の観光客は激減している。それゆえ、観光客に対しては一時的な市民として接するべきである。
・コペンハーゲンの最大の観光資源は「コペンハーゲン市民の生活」である。
・人魚像をはじめとする従来の観光資源は、観光客と市民の間に心のつながりを生むことはないが、市民の生活を観光資源とすることでつながりが生まれる。
・マスメディアによる観光PRよりも、市民1人1人からストーリーが伝わることの方が重要である。

また戦略では、従来型の観光について「過剰な観光客が、たった2～3の同じ名所に、同じ時期の同じ時間に殺到するような従来型の観光は、地元住民を疎外することにつながり、それ以外の場所が観光の便益を一切享受しない状況を生み出す」と記されている。それを受けて、「観光客のためだけの施設の創出を避け、地元住民も利するシナジーを生むべき」で、「そうした

機能を備えれば、公共交通・観光名所・レストラン・ホテル等で地元住民と観光客のふれあいを生む」としている。

この戦略では、コペンハーゲンで営まれている市民の生活そのものを最も優れた「観光資源」に位置づけているところに最大の特徴がある。市民と共に「一時的」に生活を楽しむ人たちを新たな観光客として招き入れるという従来とは異なる新しい観光像が打ち出されているのである。

具体的には、これまで市民だけで行ってきた地域の会食などに観光客を招くといった、観光客を「市民の1人」として迎え入れるような取り組みが実践されている。

観光施設もカーボンニュートラルへ

さらに、WCでは、サステイナブルな観光の推進に向けた新たな戦略として「ツーリズム・フォー・グッド（Tourism for Good）」を2018年の11月に打ち出した。

具体的な内容としては、ホテルや大規模施設のカーボンニュートラル化の推進、食料・飲料のオーガニック転換率を2019年までに30％、2020年までに60％、2021年までに90％にするなどの目標が定められている。一連の取り組みにより、市内にあるホテルの70％以上が公式の環境認証を取得しており、半数以上のホテルでランドリー、ハウスクリーニング、水・エネルギー・食などに関する環境計画が策定されている。この宿泊施設の環境認証はデンマークが1994年に始めた一種の「エコラベル」であり、その後 Global Sustainable Tourism Council（GSTC）による国際認証となっており、日本でも取得しているホテルがある。図4の「グリーンキー」がマークになっている。

図4　環境に配慮した宿泊施設を認証するグリーンキー（出典：Global Sustainable Tourism Council のウェブサイト）

図5　ソーラーボートで水上散歩ができる「ゴーボート」（出典：GoBoat のウェブサイト）

サステイナブルなまちづくりを体験できるツアー

　観光客に対しては、コペンハーゲンのサステイナブルなまちづくりを体験してもらうツアーも数多く用意されている。

　例えば、レンタル自転車でサステイナブルなまちづくりスポットを巡る「グリーンバイクツアー（Green Bike Tours）」では、コペンハーゲンがいかにして環境首都となり、カーボンニュートラルな取り組みが行われているかについて学ぶことができる。また、市内を流れる運河を太陽光エネルギーで動くボートで巡る「ゴーボート（GoBoat）」では、コペンハーゲンの美しい水環境を満喫できる（図5）。

オーバーツーリズムへの対応

　WC が「従来型観光の終焉」を宣言した背景には、市内で顕在化していたオーバーツーリズムの問題もある。

　例えば、観光名所として人気の高いニューハウン地区では、夏のバカンスシーズンに多くの観光客が押し寄せ、地元の人たちの生活を脅かす状況が発生していた。WC では、同地区で見られた問題点として以下を挙げている。

- 交通渋滞
- 観光バスおよびクルーズ船の排気ガスによる大気汚染
- 地元のルールを知らない観光客によるレンタサイクルの危険な運転
- 住宅が民泊目的の住民に入れ替わり、地元住民が周辺部に移住したことによる人口の減少
- 地元の住民が店舗を利用しにくくなるなど、観光客優先のまちづくりに伴うまちの変化
- 増加する格安ホテルに宿泊する観光客による夜間の騒音

こうした問題が拡大していくなか、同地区の住民の間で観光客への反感が強まることとなった。

こうした状況を受けて、観光客の首都圏への分散、夏季の観光客の抑制、観光関連の車両・船舶のエコ化などの取り組みが推進されたが、同時に「従来型観光の終焉」を軸に据えた戦略が打ち出されることにもつながった。

かつては地元の人しか来ないような場所にも旅行者が来るようになり、住民の反応はさまざまである。近隣生活が侵害されているというネガティブな反応もあるが、自分たちも知らないような交流の仕方を旅行者から教えられて驚かされるなど、徐々にではあるが、新しいツーリズムが地元の人たちとの新しい交流を生み始めている。

まちにおける人の活動を「ハレ（非日常）」と「ケ（日常）」に分けると、これまで観光は「ハレ」に分類されてきた。しかしながらコペンハーゲンの新たな取り組みは、観光という行為を「ケ」に組み入れようとしており、住民と観光客が一緒にコペンハーゲンでの生活を楽しむという試みが、これからどのように進展していくのか注目である。

（三上恒生）

＊現地情報や写真の提供については、コペンハーゲン在住の蒔田智則氏にご協力いただいた。

6章

アグリツーリズム

農業と連携した多様な事業が
交流を生む

アグリツーリズムとは

アグリツーリズムと地域ブランディング

　農村や農場で休暇を楽しむアグリツーリズムが、日本でも話題になりつつある。その旅のスタイルはバカンスを楽しむ文化が根づいているヨーロッパで生まれ、日本では 1992 年に農林水産省が「グリーンツーリズム」という言葉を提唱したことで、新たな旅のスタイルとして各地で取り組まれるようになった。

　アグリツーリズムとは、一言で言うなら「農業で地域をブランディングすること」である。別の言い方をすれば、町や村の持続的な発展に欠かせない農林水産業、すなわち１次産業を、いわゆる「６次産業化」し、地域を活性化させる取り組みである。

　本章では、アグリツーリズムに取り組んでいる二つの事例を紹介する。アグリツーリズムに取り組む１次産業が盛んな地域では地域固有の生業や年中行事・伝統的風習などが受け継がれており、旅行者はそうした地域固有の「営み」に興味・共感を持ち、リピーターになることも多いという。一方、旅行者を迎え入れる地域側としては、地域固有の「営み」が新たな観光資源となることで経済的な循環も生まれることになる。

本章で紹介するアグリツーリズム

　一つ目に紹介する長野県の北信地域（小布施町と高山村）では、1次産業をベースとした「スマート・テロワール」と呼ばれる取り組みを展開している。具体的には、同地域で生産されている上質なワイン、新鮮な野菜を活かした郷土料理などのブランド化を進め、地域経済の成長と交流人口の増大を図り、地域の持続的な発展を目指している。また同地域では、地元住民やUターン・Iターンの若者たちが、小水力発電などの地域電力の開発、醸造用ブドウの栽培やワイナリーの開設、地域食材を活かした農村レストランの開業などに取り組んでおり、そうした新たな住民の事業開発を支援する取り組みにも注目したい。

　二つ目に紹介する福島県川内村は、2011年3月に発生した東日本大震災において震度6弱を観測し、福島第一原子力発電所の事故により全村が避難指示区域に指定された。同村では、事故の風評に苦しみながらも、農を通じた村の活性化が展開されている。もともとは観光という視点で経済活動を行っている村ではなかったが、震災を機に観光関連産業の育成・集積に力を入れる方向にシフトし、現在では名物のイワナを加工した料理や地元の蕎麦を使った蕎麦ビールなども開発されている。

　以上の事例を通して、1次産業と交流まちづくりが連携して、地域の持続的な発展を目指すしくみについて見ていきたい。　　　　　　　　（岡村幸二）

北信地域（長野県）
農村自給圏を目指すスマート・テロワール

北信地域の概要

　長野県は、地理的に「善光寺」「佐久」「松本」「伊那」の四つの盆地に大別され、それぞれの文化圏を形成してきた。行政上では「北信（旧更級・埴科・高井・水内郡）」「東信（旧佐久・小県郡）」「中信（旧筑摩・安曇・木曽郡）」「南信（旧諏訪・伊那郡）」の四つに区分されている。このうちの北信と東信

図1　高山村のブドウ畑。ワインづくりを起業する若者も増えている（提供：高山村役場）

において、住民が主体となった「スマート・テロワール」運動が進められているが、本稿では北信のスマート・テロワールの取り組みを紹介する。

　テロワール（Terroir）とは、土地を意味するフランス語の terre を語源とする、地形・気候・風土・土壌・農業技術などに関する土地の固有性を指す言葉であり、「スマート・テロワール」は、カルビー株式会社の元社長で、NPO 法人「日本で最も美しい村」連合の設立者でもある故・松尾雅彦氏（7章1節参照）が提唱した考え方である。フランスのブルゴーニュやボルドーなどでは、それぞれのテロワールを活かして栽培されたブドウが地域固有のワインとして醸造されてきた。

　約60万人が暮らす北信地域では近年、地元の若者やUターン・Iターンの移住者が小水力発電などの地域電力の開発、醸造用のブドウ栽培とワイナリーの開設（図1）、地域食材を活かした農村レストランの開業、健康や長寿の取り組みなど、新しい事業を起こしている。

　そうした動きが活発化しているところとして、健康長寿の村として生活文化が評価され、「日本で最も美しい村」連合に加盟する高山村が挙げられる。同村では、各集落で大切に守り育てられたしだれ桜が有名で、美しい村の象徴にもなっている。特に、近年はワイン用のブドウの生産に注力し、町営に加え民営の醸造所も開設され、事業が着々と拡大している。また、生活圏である須坂市や小布施町では、地域の自立と持続性を図るまちづくりが進行中で、若者の移住・定住にもつながっている。

図2　小布施町の歴史ある町並み

その生活圏の一つ、小布施町は栗と葛飾北斎で知られる人口約 1.1 万人の町である。長年の修景により美しい町並みが整えられており、北斎館を中心とした懐かしく風情ある雰囲気が人気を集め、年間 100 万人以上の観光客が訪れる（図 2）。また、小布施まちづくり委員会や一般社団法人小布施まちイノベーション HUB などのまちづくり組織の活動も盛んである。

本稿で着目するのは、自治体の枠を越えて、経済にとどまらず自然風土を共有する圏域としての新たなアイデンティティを生みだす取り組みである。

持続可能な地域を生み出すスマート・テロワール

松尾氏が提唱した「スマート・テロワール」は、持続可能な地域をつくるための農的自給圏を構築し、誰もが最善に生きることのできる農村社会の実現を目指すものであり、その考え方をもとに日本各地で農業従事者や企業が主体となったモデルづくりが進められている。

松尾氏によって提示されたスマート・テロワールを要約すると、以下のようになる。

- ・日本の難問は「向都離村」であって「少子高齢化」ではない。
- ・霞ヶ関が発想するような地方政策の区分ではなく、基礎自治体を人口で 3 分割し、大都市部（政令指定都市など）、農村部（人口 12 万人未満の市町村）、中間部（12 万〜 70 万人）の三つの区分で捉える。
- ・健康を求めて変化し続ける日本人の食文化には、国内の食料生産で対応すべきである。
- ・本来「五穀豊穣の国」であった日本において、稲作に限定した「瑞穂の国」を目指す政策が進められたことで過剰になった水田を畑地に転換し、小麦・大豆・とうもろこしなどの穀物や野菜を栽培する。そこで生産された余剰の穀物・野菜を原価ゼロで畜産農家へと分配し、その見返りに堆肥を得る。これにより、日本の食糧自給率を 70％に復元させる。
- ・未利用資源にあふれた農村だけが「日本唯一のフロンティア」である。
- ・イタリアのように女性の職場を農村につくる。

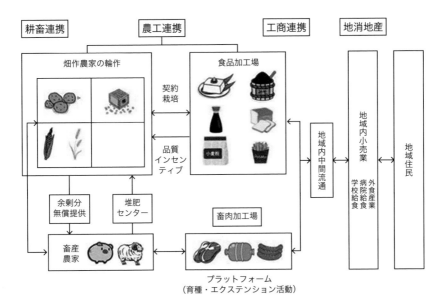

図3　初期のスマート・テロワール構想図（出典：松尾雅彦氏提供の資料をもとに筆者作成）

- 「スマート・テロワール」は四つの連携に基づいて自給圏をつくることである（図3）。四つの連携とは「耕畜連携」「農工連携」「工商連携」「地消地産」であり、これらの連携で成り立つ地域内水平循環型システムの要には「畜産業」がある。この際、約100万haの休耕田を畑地に転換するには約1000万tの堆肥の増産が必須となる。

- アジアの農村で住民が自給圏内で循環型システムづくりに取り組めば、連帯感が生じることになる。さらに循環型社会を競うことになれば、アジアの各地がこぞって「真・善・美」の追求に向かうことになり、東アジアの恒久平和にもつながり、東洋のアルカディアを目指すことも実現可能になる。

- 「スマート・テロワール」の構築には、以下のホップ・ステップ・ジャンプの3段階の道程が必要である。

  ①ホップ：大学などの試験農場で「実証展示圃」を開設し、仮説を検証する。検証に着手して5年以内に地域の「ビジョン」を描き、「農村計画書」を作成する。

②ステップ：仮説の経済性を最少経営規模で実証する。

③ジャンプ：自給圏エリアに全面的に「スマート・テロワール」を展開
　　する。

核となる三つの事業

　個々の町村ではなく地域経済圏としてビジョンを持った地域づくりを推進
することは、一極集中から脱却を図る地域経営において一石を投じる取り組
みである。

　ここ北信でのスマート・テロワールの取り組みでは、NPO法人サスティ
ナブル・コミュニティ研究所所長を務める広島経済大学の川村健一教授と、
信州大学キャリア教育サポートセンターの勝亦達夫助教が牽引役を担ってい
る。勝亦助教は、すでに地域にある個人や団体の活動を活かすための場づく
りを構想していた。そんななか知ることになったのが、川村氏が所属する一
般社団法人スマート・テロワール協会が進めるスマート・テロワール運動で
あった。

　北信でスマート・テロワールの取り組みを進めるにあたり、勝亦氏は地域

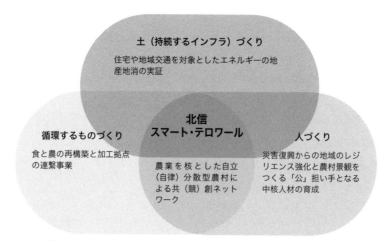

図4　北信スマート・テロワールにおいて核となる三つの事業
（出典：一般社団法人スマート・テロワール協会の資料をもとに筆者作成）

の特性や個別の活動を踏まえて、図4に示す三つの事業が核になると考えた。

一つ目は「土（持続するインフラ）づくり」である。住宅や地域交通を対象としたエネルギーの地産地消を目指す取り組みで、具体的には集落内の農地を活用したソーラーシェアリング、廃棄物の資源化によるエコシステムの構築、既存住宅の高気密化による健康住宅化の推進、剪定枝を利用した地域暖房などが挙げられる。

二つ目は「循環するものづくり」で、食と農の再構築と加工拠点の連携を推進する取り組みである。遊休農地を活用した牧場経営と臭気を抑えた堆肥の活用、耕畜連携による輪作の実現、耕作放棄地を活用した酒米づくりなどにより、地域加工食品の開発を進め、美食革命を実現させる。

三つ目は「人づくり」で、災害時の備えにもなる地域のレジリエンス（回復力）の強化と農村景観づくりを担う人材を育成する取り組みである。ここでは、活動を通じた新たな市民意識の醸成を目指し、全員参加の共同体を構築することが意図されている。

一方、スマート・テロワール運動を提唱した松尾氏は、最も美しい村を構築するには、一世代に相当する30年後のビジョンを描き、そこを起点としてマイルストーンを描くことが大切であると主張していた。

そこで、北信スマート・テロワールでは、先の三つの事業を核としつつ、北信地域内外で活動する地域づくり団体や農業従事者、企業、行政などの多様な主体が連携することに注力している。

それにより目指すのは、おいしい地元のワイン、安全で毎日食べたくなるような食材といった幸せが実感できる豊かな暮らしの構築である。また、災害が起こっても自分たちで立ち直ることができるレジリエンスを高めることで、農山村に暮らす安心感を高めようとしている。

若手起業家たちを支援する取り組み

勝亦氏は、北信スマート・テロワールの取り組みを通じて、地域に起業家たちが現れることを支えていきたいと考えている。全国各地では、試行錯誤

図5　小布施牧場を経営する木下荒野氏と日光浴をする健康的な牛たち（提供：木下荒野氏）

しながら地域資源を活かした経営を軌道に乗せつつある人々がいる。そこで、そうした他地域の人々と北信で同様の取り組みを進める人々が交流し、学びあえる機会を創出することで、知恵と経験をさらに深めていきたいという。

　そうした勝亦氏の思いに応える若者たちが、北信地域にも数多く現れている。その1人が、北信スマート・テロワールのメンバーであり、小布施牧場株式会社の代表を務める木下荒野氏である（図5）。木下氏は小布施町生まれで、大学で酪農を学び、国内の農場にとどまらずニュージーランドでも放牧型酪農を経験し、さらにはイタリア・スイスの牧場を巡り、現地の暮らしや食文化に触れながら遊学してきた若者である。木下氏は、スマート・テロワールのほかに、「日本で最も美しい村」連合の副会長を務めていた伊那食品工業株式会社の元社長（現最高顧問）の塚越寛氏の考え方にも深く共感しているという

　木下氏は、下記のような五つの考え方に基づいて牧場経営を行っている。
①小規模経営
　10頭前後のジャージー牛に限定し、人も牛もゆったりとストレスフリーで飼育を行う。
②放牧型の牧場
　遊休農地と里山の斜面に牛を放牧、飼料の地域内自給率100％を目標とする。
③地域内循環型の飼育法
　地元の研究者が開発した土着の善玉菌液を用いた完熟堆肥を牛の飼料とし、

牛舎・放牧地における糞尿の無臭化と循環を実現する。

④高品質の6次産業

　高付加価値・高収益の楽農を実現させ、「味わいのまち小布施」の魅力を
さらに高めることで、地域に貢献する。

⑤教育と普及

　小規模・放牧型・地域内循環型の経営に基づく高品質の6次産業により、
美しくたくましい里山づくりを実現させ、小布施牧場の成功モデルを新規就
農者に教育し、日本全国とアジア諸国へと発信・普及していく。

　町にUターンし起業した木下氏のほかにも、北信地域には多数の若者た
ちが地域資源を活かした新たな産業を起こすために移住・定住している。例
えば、高山村には現在、五つのワイナリーがある。かねてより健康長寿の村
づくりに取り組んできた高山村は、リンゴ栽培が盛んな地だが、消費者の嗜
好の変化に合わせて近年は欧州種のワインブドウの栽培に取り組んできた
(図1)。まず行政主導でワイナリーを開設し、数々の品評会での高い評価を
得るようになった。その高山村の挑戦に可能性を感じた村民や移住者らによ
り、最近は個性豊かなワインづくりが盛んになっている。そして、そうし
た若者たちの間ではネットワークが形成され、上の世代から地域づくりの役
割を引き継いでいる。さらには、内外の人材交流を大切にし、常に先に進む
ための学びを怠らない。こうした動きにより、地域の暮らしに変化が生まれ、
その新たな暮らし方を起点に交流も生まれている。

　今後、北信スマート・テロワールをさらに発展させていくためには、取り
組みの進捗状況を「見える化」することが求められる。その一つには、地域
内自給率の考え方を状況に合わせて改良していくことが大切だろう。季節変
動もある上に、グローバルにもなった現代の日本の食文化は、海外からの輸
入にも適度に頼る必要があり、地域自給率100％を目指すことが正解とは言
い切れないところがある。さらに、地域内自給率の向上を通じて、食品廃棄
の問題への関心が高まることも期待したい。また、エネルギーの地域自給率
の向上は、地域内資本で開発することの大切さを再認識する機会になると同

時に、次世代への責任として気候変動問題に向きあうことにもつながる。

共同体と互酬経済の構築が好循環を生み出す

　スマート・テロワールが目指す経済は、地域が担い手となる「互酬」である。互酬とは、贈与関係や相互扶助関係を意味する。この互酬経済を構築していくことが、日本の農山漁村が抱えている問題を解決し、持続可能な循環型社会の骨格を形づくる糸口となる。

　そもそも互酬が成立するためには、その地域にたくましく美しい共同体が育まれていくことが必要である。もともと農山漁村の労働の多くは共同労働によって支えられているものであり、そこに見られる共同体は「稼ぎ」一辺倒の都会では見られないものである。北信スマート・テロワールでも、超人的な存在の出現を期待しているのではなく、いかに心地よい共同体を生み出していくかが目指されている。

　小布施町のまちづくりの取り組みの一つに、2000年から始まった「おぶせオープンガーデン」がある。個人の庭を公開していく取り組みで、「外はみんなのもの、内は自分たちのもの」をコンセプトに誰でも参加できる。この取り組みの背景には、「縁側文化」や民家の庭には自由に出入りしてよいという「お庭御免」の生活習慣があり、訪れた人々を花でもてなしながら交流することを楽しむ共同体の存在がある。

　来訪者が抱く「花の美しさの向こうにある魅力的な共同体に参加したい」という気持ちは、交流まちづくりを後押しする原動力となる。一方、地域住民にとっても、来訪者との良好な関係は自らの背中を押してくれる。さらには、ある共同体のビジョンが他の共同体のビジョンと連鎖することにより、地域全体に調和がもたらされることも期待できる。このような好循環が、さらに外部からの来訪者を集め、交流まちづくりが一層加速していくという構図が見えるのではないだろうか。

（山田泰司）

6-3

川内村（福島県）

震災を乗り越え、農×観光のコンテンツを開発

川内村の概要

　川内村は、福島県浜通り地域に位置する人口2千人ほどの小さな農村である。2011年3月11日に発生した東日本大震災により甚大な被害を受けた地域であり、同村も震度6弱を観測した。そして、併せて発生した福島第一原子力発電所の事故で、村の一部が避難指示区域に指定された（図1）。本稿では、この原子力発電所事故の風評に苦しみながらも農を通して村の活性化を目指す取り組みを紹介したい。

　同村は福島県東部の双葉郡に属し、南北に阿武隈山地の山々が連なる。村内には鉄道は敷設されておらず、近隣市町からの路線バスが1日に数本運行しているのみで、交通に関しては脆弱と言わざるを

図1　福島第一原発事故の帰還困難地域と避難指示が解除された区域（2013年当時）（出典：経済産業省資源エネルギー庁）

えない状況である。そのような不便な立地の影響もあり、以前は農林業が中心で、観光に力を入れるような村ではなかった。

とはいえ、村内に観光資源がまったくないわけではなく、重要文化財に指定されている「天山文庫」「阿武隈民芸館」に加え、「いわなの郷」「かわうちの湯」といった施設が整備されており、「天山祭り」「BON・DANCE」「川内の郷かえるマラソン大会」などのイベントも実施されている。

農をキーワードにした観光振興へ

村の人口は、全国的なトレンドと同様、都市部への流出・少子高齢化の影響により徐々に減少していた。そこに、東日本大震災が発生し、その流れが加速した。震災直前の 2010 年に 2820 人だった人口は、震災後の 2015 年には 2021 人と急激に減少している。

人口減少に歯止めがきかない状況に置かれた村では、交流人口の増大を図るために、2017 年度に「村中心地区」と「坂シ内地区」を観光特区に指定し、観光関連産業の育成・集積に力を入れることにした。前述の通り、同村は観光に関する取り組みを盛んに進めてきたわけではなかったので、村に足を運んでもらえるような魅力的なコンテンツを開発する必要があった。そこで、白羽の矢が立てられたのが農業であった。

その一方で、農作物は、原子力発電所事故による風評の影響を最も受けているものの一つである。例えば、県内の会津地方は、福島第一原子力発電所からの距離で見ると、隣県の茨城や栃木・宮城よりも離れているが、同じ福島県に属しているというイメージから名物のジビエ料理が不振に陥る状況にさらされている。ましてや、川内村は一時避難指示区域にも指定されている。当然、その風評の影響は大きかったが、そのような逆風にさらされることを覚悟の上で、それでもなお自分たちの村の最大の魅力は「農」であると挑戦的な選択をしたのである。

観光振興に向けた四つの課題

　川内村が交流人口を拡大するには、いくつかの課題があった。特に大きかっ
た課題は、以下の四つである。

　1. 日帰り型から滞在型への転換

　2. 観光消費額の増加

　3. 休日と平日の平準化

　4. 冬季の誘客

1. 日帰り型から滞在型への転換

　一つ目の課題は、日帰り型から滞在型への転換である。先に紹介した既存
の観光資源・集客施設は、いずれも長時間滞在するような場所ではなく、基
本的に日帰りで済むようなものばかりであった。しかし、観光は宿泊が伴っ
てこそ地域に利益が還元される。わざわざ村まで足を運んでもらい長時間滞
在できるような施設の整備が求められた。

2. 観光消費額の増加

　二つ目の課題は、来訪者の消費額の増加である。川内村には、観光地の収
入源の一つである名産品・特産品の類のものが少なく、ましてや全国区に名
の知れている品物は皆無だった。農産物に関しては全国に誇れるという自負
はあったが、他地域のブランド力の高い商品にはなかなか太刀打ちできない
というのが当時の状況であった。

3. 休日と平日の平準化

　三つ目の課題は、休日と平日の平準化である。どの観光地も土日祝日や長

期休暇には来訪者が増加する。来訪者の少ない平日には、定年退職後の高齢者や外国人観光客の誘致に力を入れるのが一般的だが、川内村では目指すターゲット層が大きく異なっていた。

4. 冬季の誘客

　四つ目の課題は、冬季の誘客である。川内村は、冬季には氷点下15度を記録するほどの極寒の地であるにもかかわらず、気候特性から雪があまり降らない。それゆえ、ウィンタースポーツをはじめとする冬季のアクティビティを売りにできない点が不利であった。

　次項では、これら四つの課題に対して川内村の人々がどのような方法で解決策を見出してきたかを、「農」というキーワードを軸に紹介していきたい。

農を軸に新たな観光資源の開発へ

オートキャンプ場の整備と農業収穫体験の実施

　農業を観光にどのように活用するかという議論を始める前に、もともと観光地でなかった村に交流人口を呼び込むためには、まずその受け入れ環境を整えることが必要となる。そこで、2016年より「いわなの郷再開発プロジェクト」と銘打って、主要な集客施設であった「いわなの郷」を中心にオートキャンプ場の整備を進めた（図2）。

　いわゆる温泉旅館やリゾートホテルの類ではなく、「アウトドア」という村の魅力を発揮できる「キャンプ場」という選択をしている点が注目される。オートキャンプ場の完成に伴い、現在は登山道や遊歩道、アスレチック場、農業収穫体験施設、ワイン醸造施設等の整備を進めているところである。

　しかし、受け入れ環境が整ったからといって人が来るわけではない。無名の村が数ある有名観光地との競争に参入するには、魅力的なコンテンツが必

図2　整備されたオートキャンプ場

図3　地元農家による農業収穫体験

要不可欠である。

　インバウンド急増の影響もあり、全国的なトレンドとして体験型コンテンツに注目が集まるなか、川内村でも農業収穫体験というコンテンツに辿り着いた。ありきたりなコンテンツではあるかもしれないが、実施におけるハードルは高くない。だが、もともと観光が盛んではなかった村には観光農園のようなものは一切ない状況であった。加えて、農家の人たちにとっては、素人の観光客が畑に入れば荒らされる可能性もあるため、地元の反応は芳しくなかった。そんななか、交渉の末にいくつかの農家から協力が得られた。結果としては、観光農園ではない普通の農家を観光客が訪れ、住民と交流をしながら収穫するという都市部ではできない体験が思いのほか好評を博した（図3）。

農業の6次産業化で特産品・名産品の開発

　来訪者に来てもらう環境が整えば、次に目指すべきは観光消費額の向上で

ある。土産物になりうる特産品・名産品が少ない川内村では、その開発が課題であった。農をテーマに掲げた村では、農業の6次産業化に着目し、いくつかの地元企業が商品開発に挑戦している。一例としては、名物のイワナを加工した料理、地元の蕎麦を使った蕎麦ビール、消費量が年々拡大しているワインなどが挙げられる。

　ここで一つ、川内村で直接的に行われている取り組みではないが、「フードキャンプ」という取り組みを紹介しておきたい。福島県内の旅行会社が実施している体験型の旅行商品で、それぞれのテーマに沿って行先は県内さまざまではあるが、現地の畑などで収穫した新鮮な食材を、一流の料理人がその場で調理をし、それを食することができる。現在、これが非常に人気を集めており、根強いファンがつくくらいのコンテンツにまで成長している。この旅行商品のテーマの一つに、川内村のブドウ畑とワインが選ばれたこともあり、村のPRにも一役買っている。

教育旅行で平日の観光需要を増加

　こうして来訪者をもてなす環境も徐々に整えられてきた。次の課題は、いかにして来訪者数を増やすかである。そこで、必要となるのが平日の集客を増やす取り組みであった。

　一般に、平日の需要を増やすには、高齢者向けの旅行または学生向けの教育旅行のいずれかを企画することになる。その観点からすると、農をテーマに据えた川内村では、農や自然に触れる機会の少ない地域に住む学生を対象とするのが最善だと考えられる。

　一方、学生を対象とした教育旅行であるからには、「教育」に結びつくコンテンツが必要となる。しかし、川内村あるいは村が属する浜通り地域には、教育に向いた歴史・文化系のコンテンツはやや不十分だと言わざるをえない。

　そんななか、福島県が力を入れている新たな教育旅行「ホープツーリズム」の取り組みが注目される（図4）。このホープツーリズムは、震災復興の取り組みが進められている県内の「ありのままの姿（光と影）」を実際に

図4　ホープツーリズムの一例
（出典：福島県観光交流課・福島県観光物産交流協会「福島県ホープツーリズム総合ガイドブック Ver.3」）

見て、前例のない困難な状況の中でも「復興に向けて挑戦し続ける人々」と対話することができる教育旅行プログラムで、浜通り地域が主なフィールドとなっている。学校ごとにオーダーメイドで行程が組まれるため、一律ではないもののコミュタン福島（福島県環境創造センター交流棟）や東京電力廃炉資料館などの見学をメインとしつつ、浜通りで被災した人たちとの対話の時間を多く設けているのが特徴だ。震災学習をメインとしたホープツーリズムではあるが、行程によっては川内村が宿泊地に選ばれることもある。

　その行程に農業体験というプログラムを加えることで、旅に豊かさを付加することもできるのではないだろうか。実際、県職員からも、震災学習だけでは教育旅行として少し固すぎる印象もあるという声も聞かれた。息抜きと言えば語弊があるかもしれないが、農業体験をしながら農家の人たちの話に耳を傾けることも、学生たちにとっては為になるプログラムだろう。同時に、福島の農産物の安全性を知ってもらう良い機会にもなる。

極寒キャンプなどの冬季用コンテンツの開発

　冬季の誘客に関しては、先述のように雪があまり降らない川内村では、強力なコンテンツとなりうるスノーアクティビティに頼ることができない。それにもかかわらず、村が整備したのはキャンプ場であった。

　そこで出されたアイデアが、無謀な挑戦だと思われる「極寒キャンプ」だった（実際、村民の中にはその企画を狂っているとまで言う人もいた）。2017年から数年は、実証実験という形で年に数回開催するところから始められた。下手をすれば命の危険もあるなか、厳冬地でも耐えられるような雪山登山用の宿泊用具も一式揃えられた。現在、この極寒キャンプは川内村の冬の風物詩になりつつあり、少しずつではあるが成果を上げ始めている。

　その一方で、新たな冬季滞在コンテンツの開発にも力を入れてきた。なかでも、蕎麦打ちやイワナのつかみどり、星空観察といった企画が好評を博した。同時に、キャンプ場や体験コンテンツを運営するインストラクターの発掘・育成にも取り組み、村民の得意分野を活かしながら多彩なコンテンツを実施していった。

震災、コロナ禍の先にある観光開発

　ここまで、震災からの復興と同時に農を軸とした活性化の取り組みを進める川内村について紹介してきた。新設されたキャンプ場については、昨今の新型コロナウイルス感染症の影響から改めて注目を集めており、皮肉にもそれなりに好調のようである。

　未曽有の災害から10年が経過し、復興期間は当初の目標年度に至った。復興はまだまだ途上であるという声も多く聞こえるものの、これからは創生の期間に入る。川内村では、観光という視点から非常に大きな逆風に立ち向かいながらも、村としての新たなビジネス、言い方を変えれば今後村が生き残っていく方法を模索し、徐々に成果を上げている。震災、コロナ禍という逆境の先にある新しい観光開発に期待したい。

（植村真雄）

7章

最も美しい村運動

地域の自立を目指す
コミュニティツーリズム

最も美しい村運動とは

本章では、国内外の「最も美しい村」の連携組織に加盟する村々の取り組みを紹介する。

フランスの村長が始めた「最も美しい村運動」

「最も美しい村運動」は、1982 年にフランス南西部にあるコロンジュ＝ラ＝ルージュの村長だったシャルル・セイラック氏の思いから生まれた。

1960 年代以降、フランスの農村では過疎化が深刻になり、無人化するコミューンが現われた。そんななか、政府はコミューンの合併政策を推し進めようとしていた。

コロンジュ＝ラ＝ルージュも、かつては南仏らしい白い漆喰壁の建物が並ぶ美しい村だったが、過疎化に伴って地域経済が衰退し、やがては白い漆喰がはがれ落ちた赤煉瓦むき出しの村へと変貌してしまった。そのような村の現状を憂い、再生に立ち上がったセイラック氏の発想の転換となったのが、リーダーズダイジェスト社が出版した書籍『フランスの最も美しい村』に紹介されたことであった。そこに掲載された遺産の保護とコミュニティ経済の構築を両立する 100 の村々を目の当たりにし、これらの村が連携することで新たな地域価値を創造することができるかもしれないと考えたセイラック氏は、すべての首長に手紙を出したところ、そのうちの 66 村から返信があったという。

これがきっかけとなり、1982 年 3 月、セイラック氏はこれら 66 村の首

長とともに「フランスの最も美しい村協会
(Les Plus Beaux Village de France)」を設立
した（図1）。2020年11月現在、協会には
159村が加盟している。「最も美しい村」を
つくるのは、他でもないその村に暮らす住民
である。加盟村の中には、観光客の訪問先に
とどまらず、ヨーロッパ各地からの移住者が
集まる村も多い。なかには、加盟から数年で、
古い納屋や民家の不動産価値が3倍以上に高
騰した村もあるという。

図1　フランスの最も美しい村協会のロ
ゴマーク（出典：フランスの最も美しい村協会）

7 町村から始まった「日本で最も美しい村」運動

町長と社長の決断で始まった運動

　日本でも、2005年に七つの町村がNPO法人「日本で最も美しい村」連合
を立ち上げた。当時は、いわゆる平成の大合併政策により市町村の合併が促
進され、小さくても素晴らしい地域資源や美しい景観を擁する村の存続が難
しくなった時期に当たる。

　発足のきっかけは、北海道美瑛町の町長（当時）を務めていた浜田哲氏が、
カルビー株式会社社長（当時）だった松尾雅彦氏に相談したことである。松
尾氏は、1998年にフランスを訪れた際に知った同国の「最も美しい村協会」
の取り組みを浜田氏に紹介した。こうして、2人のリーダーが日本の農山漁
村の景観・文化を守り、美しい村としての自立を目指す「最も美しい村運動」
が始まった。2021年現在、加盟する町村数は61にのぼる（図2）。

　同法人の取り組みは町や村による社会運動ではあるが、特に民間企業や個
人の有志が運動に参画することで内容の改善や人材の育成などを実現してき
た。

図2 「日本で最も美しい村」連合に加盟している町村（2021年現在）

「日本で最も美しい村」連合の加盟条件

　「日本で最も美しい村」連合が掲げる「美しさ」とは、その土地でなければ経験できない独自の景観や地域文化、人の営みにより生み出される美しさである。連合では、加盟の募集と入会資格審査を随時実施している。さらに、入会後は、最も美しい村づくりの基本理念が継承されているか、より美しい村づくりを目指して運動が定着しているかについて5年ごとに再審査も行われている。

　加盟の条件としては、以下の3点が示されている。

　①人口が概ね1万人以下であること

　②地域資源が二つ以上あること

　　・景観：生活の営みによりつくられた景観(伝統的な町並みや里山・里海)

・文化：昔ながらの祭りや芸能、郷土文化
　など

③連合が評価する地域資源を活かす活動があ
　ること

・美しい景観に配慮したまちづくりを行っ
　ている

・住民による工夫した地域活動を行っている

・地域特有の工芸品や生活様式を頑なに
　守っている

the most beautiful
villages
in japan

「日本で最も美しい村」連合

図3 「日本で最も美しい村」連合
のロゴマーク（出典：「日本で最も美しい
村」連合）

　審査のための評価基準は、前述したフランス
の最も美しい村協会の評価基準を基本に、日本
の独自性を踏まえて幾度か改訂した基準を用い
ている。なお、連合の象徴であるロゴマークは、茅葺き屋根の古民家のシル
エットに農の営みを表す景観がデザインされている（図3）。

「日本で最も美しい村」連合の三つの目標

　連合創設時に会長を務めた元美瑛町長の浜田氏は、毎年ヨーロッパ各国の
最も美しい村協会を訪ね、村長、議員、そして住民を交えて、どのように村
づくりを進めていくべきか意見交換をしていた。そうした意見交換の場で、
「最も美しい村運動が住民の運動であること」を目の当たりにする。ヨーロッ
パでは村の経営主体が住民であるため、美しい村の運動にも住民が真摯に取
り組んでおり、その姿勢に感動したという。

　どの村も財源は少なく、運動にかかる費用を捻出することは容易ではない。
それでも相応の負担をして加盟することに、住民が価値を見出していた。

　こうしたヨーロッパ各国の活動姿勢に見られるように、最も美しい村運動
は住民の自立運動でもある。フランスで始まった運動は、コミューンを単位
とする村の自立を維持・発展させるには、政府が考える地域政策に対峙でき
るだけの知恵と行動力が必要であることを示唆している。

さらに、毎年重ねた海外の協会訪問から学んだことは、ヨーロッパの加盟町村では畑や牧野、そして森林が隅々まで利用され、人手がしっかり入ることでムダ・ムラ・ムリのない景観が形づくられていることであった。

人間にとって食料の生産は欠くべからざる活動であるり、その生産基盤である田畑は、代々受け継がれてきた典型的な世襲財産である。日本でも、丁寧に草刈りがなされた田んぼの畦が水田風景の美しさをもたらしているが、一方で、耕作放棄地が広がり、管理の行き届かなくなった人工林が問題となっている。今のままでは、耕作放棄地が世襲されてしまいそうである。

日本の連合が発足して7年が経過した頃、それまでの議論から日本における最も美しい村運動の目標が定まってきた。「住民の自主的行動」「経済的自立」「世襲財産」である。発足時からの審査内容についても幾度となく改定を重ねていたが、これを機に基本の骨格をこれらの三つの目標をもとに再構築することとなった。

これら三つの目標を掲げた運動をいかに住民に理解してもらい、行動してもらうかに関しては、それぞれの町村の首長も役場担当者も頭を悩ませている。そこで、「おいしい・楽しい・美しい」という合言葉で住民たちに美しい村の運動に参加を促している。

食の取り組みにより農山漁村の経済的自立を図る

松尾氏が日本での連合発足に向けて訪仏した際、当時のフランス協会の会長は同国のシェフ協会の代表を同伴させていた。これが何を意味するかというと、最も美しい村を実現するためには、経済的に自立するしくみが必要であるということである。

地域経済が政府の補助金・助成金頼みのままでは、世代を越えて暮らし続けることができる地域の実現は難しい。補助金が縮小すれば、地域は消滅する危険にさらされる。

そうした状況から脱却するには、農山漁村に自立できる付加価値の高い産業・仕事を生み出す必要がある。しかし、農山漁村でいくら良質な食材を生

図4　ベルギーの最も美しい村協会の
加盟村で料理を振る舞う若手シェフ

産しても、それを都市部で加工したものを購入していては、地域のお金は外に流出してしまう。対して、新鮮で良質な食材を活かした料理や商品を農山漁村で食べたり購入したりすることができれば、その付加価値が生み出す利益を都市に流出させることなく地域で循環させることができる（図4）。

　レストランの格付けで有名な「ミシュランガイド」は、地図で旅先においしいレストランがあることを紹介し、車で出かけてもらうことで同社のタイヤを消費してもらえることが、発想の原点にある。ミシュランガイドの「レストラン」を「村」に置き換えたものが、最も美しい村運動における経済的自立の戦略である。そして、この考え方は日本の活動でも踏襲されている。

国際的な広がりを見せる「最も美しい村運動」

　1982年にフランスで起こった「最も美しい村の運動」は、ベルギー・ワロン地方（1994年）、カナダ・ケベック州（1998年）、イタリア（2001年）、日本（2005年）と5カ国に拡大し、2012年には「『世界で最も美しい村』連合会（The Most Beautiful Villages of the World）」がフランスのNPO法人として設立された（図5、6）。その後、ドイツ・ザクセン州（7章4節参照）、ルーマニア、スペイン、ロシア、ギリシャ、レバノン、スイス・リヒテンシュタインなどが運動に参画し、アジアにおいても韓国や中国、インドネシ

図5 「世界で最も美しい村」連合会のロゴマーク（出典：「世界で最も美しい村」連合会）

図6 「世界で最も美しい村」連合会の発足調印式（2012年7月）

ア、インド、ベトナムなどでも模索が続けられている。なお、この世界連合会への入会には、各国内での5年以上の活動成果を理事会で評価し入会が認められる。

「世界で最も美しい村」連合会に参画する各国の協会は、すべて非営利組織（NPOもしくはNGO）である。各協会内では、選任された品質委員会の認定委員が村の審査・格付けを行っており、その審査項目や評価指標はフランスの評価基準を参照しながら各国の協会で定めている。日々の活動としては、各加盟村内での取り組みに加え、加盟村同士で学びあえる共同体を形成して持続的かつ発展的な運動となることが目指されている。

最も美しい村運動は、単に景観の美しさを競うのではなく、運動を通じて高められた住民の行動力によって長年培われてきた各地域の世襲財産を継承しつつ、次世代の若者たちが地域で働き続けることができる雇用の場を創出し、地域経済が発展していくことを目指している。

そして、最も美しい村連合は、そうした「志」を共有する人々が集う場である。農山漁村の当事者と企業経営者などのサポーターが寄り添い、さまざまな課題に対する知恵や資金、人材を共有することで活動を推進している。

本章では、「日本で最も美しい村」連合に加盟する飯豊町（山形県）、フランスの最も美しい村協会に加盟するミッテルベルグハイム村（アルザス州）、ドイツの最も美しい村連合に加盟するザクセン州の三つの事例について紹介する。　　　　　　　　　　　　　　　　　　　　　　　　　　　　　　　　（山田泰司）

飯豊町（山形県）
住民自治の先進地が挑む、次世代に向けたまちづくり

飯豊町の概要

　飯豊町は、山形県の南部、最上川の源流部に位置する人口7千人足らずの町である。「日本で最も美しい村」連合にも加盟している同町には、飯豊連峰の麓の山里から水田の広がる田園散居集落まで自然豊かな景観が広がり、1878年にこの地を訪れたイギリスの女性旅行作家イザベラ・バードはその

図1　飯豊町の農家民宿でのおもてなし（提供：飯豊町役場）

図2 「東洋のアルカディア」とも評された飯豊町の風景（提供：飯豊町役場）

風景を「東洋のアルカディア（桃源郷）」と評したという（図2）。

　県内でも有数の豪雪地帯であることから、同町では雪室によって熟成された農産物や加工食品が生産されている。水田では山形県のブランド米である「つや姫」や「雪若丸」などが栽培され、トマトやアスパラガス、花卉の生産にも力を入れている。また、米沢牛の主生産地としても知られ、その割合は全生産量の約4割を占める。

　歴史的には、江戸時代中期に困窮した米沢藩の財政を再建した9代藩主の上杉鷹山が活躍した地域であり、鷹山は藩の立て直しの要として農民を大事にすることを掲げた。また、「学問は治国の根源」として藩校を建設し、殖産興業に向けた人材育成を行うなど、さまざまな改革を進めた。すぐに結果は出なくとも、育てた人材が地域を担っていくことを象徴する取り組みであり、その志は今なおこの地に根づいている。

　そんな飯豊町では、日本の農村計画の黎明期でもある1960年代から住民の全員参加のもと農村のあり方を議論し、地域づくりの計画を立案・推進してきた。さらには、昨今の社会的課題・経済的課題・環境的課題に対しても国際的な視点を持って地域に根ざした事業が展開されている。以降では、そうした町の行政の考え方、その動きに呼応する住民の挑戦を見ていきたい。

暮らしが育んできた町の景観・文化

田園散居集落

　飯豊連峰から流れ出る白川が肥沃な扇状地をもたらした飯豊町では、稲作を生業とする農家が広大な水田の中に点在する散居集落が形成された。各農家には冬季に吹く厳しい北西風を防ぐ屋敷林が植えられ、独特の景観が生み出されている。この屋敷林は、防風・防雪の役割に加えて、「影切り」と称して切り落とされる枝が燃料としても用いられ、さらに秋に収穫された稲束の稲掛けとしても利用されるなど、農家の暮らしを支えてきた。農村の営みの中で長きにわたり風雪に耐え、守り育て、受け継がれてきた田園散居集落は、町を代表する貴重な景観財産である。

中津川地区の里山景観と里山文化

　町内の中津川地区（図3）には、中門造りと言われる民家が残っている。中門と呼ばれる馬屋が突き出た造りで、農耕馬と農民との暮らしが一体となった生活文化が営まれてきた。民家の周りに沢水を引くために水路や池が整備されているのは、雪国に暮らす術である。

　また、町内には草木塔という文化遺産も点在している。草木から得られる恩恵に感謝し、伐り倒した草木の魂を供養するために建てられたものと言われ、自然に対する慈しみの心が込められている。この地区には、豊かな自然を活かした菅笠づくりやござ織り、伝統的な郷土食が古来より引き継がれており、今もなおその文化は息づいている。

図3　中津川地区の里山風景（提供：飯豊町役場）

半世紀前から継続されてきた住民主体のまちづくり

コミュニティワークショップの発祥の地

　飯豊町は 1972 年から「住民主体のまちづくり」を標榜しており、地域住民から人口の 1％にあたる 120 人を選出して「120 人委員会」を組織している。これにより住民自らも総合計画の策定に参画し、町民各層の意見を採り入れながら、1974 年に「飯豊町総合計画 1974 手づくりのまち いいで」を完成させている。

　さらに、その 6 年後の 1980 年には、「自分たちの地域の未来は自分たちの手で」と立ち上がった地域住民が地区別計画の策定に着手している。「椿講」と呼ばれたこのコミュニティワークショップの手法は、「住民が自ら集落の問題点を地図上に落とし込み、それを集計、討論、検討していくなかで、最終的に集落計画を作成」していくもので、日本初のワークショップとも言われている。行政の総合計画は 10 年ごとに策定されるが、現在の第 5 次飯豊

町総合計画に至るまで住民主体のまちづくりの意志・姿勢は受け継がれており、地区別計画についても住民自らが策定し、計画の実現に取り組んでいる。

一方、1980年代の飯豊町では、日本の農村計画学を牽引していた故・青木志郎氏（東京工業大学名誉教授）や糸長浩司氏（現日本大学特任教授）の現地指導のもと、独自の農村計画研究所が運営されており、数多くの大学生が訪れ、より良い農村づくりをテーマにフィールドワークが実施されていた。そこに参加していたのが、役場の若手職員であった後藤洋氏である。青木氏の指導を直接受け、農村計画の必要性と将来への可能性を理解していた後藤氏の中には、第3次総合計画で町の将来像の実現の主体が住民であることを明確にしたことを、さらに進化させたいという想いがあったという。

住民の自治が息づく土地で若者が起業

その後、2004年に景観法が制定されたことを機に、より良いまちづくりを進めていくためには、総合計画に加えて景観条例や景観計画の策定が必要になると後藤氏は考えていた。飯豊町の先人たちが志を高く掲げた活動であっても、時の流れと世代交代の中での紆余曲折は逃れられない。そんなときに、後藤氏は2005年に発足したNPO法人「日本で最も美しい村」連合の存在を知った。今後の飯豊町のまちづくりを外部からの視点も交えて深く議論できる機会が得られることを期待して加盟申請を行い、2008年10月に加盟を果たした。

他の加盟町村では、加盟後に美しい村の旗を掲げて一斉ごみ拾いなどが行われるのに対し、飯豊町では以前から住民の自治活動が活発だった。最近は若者たちが自ら動き始め、自家製の果物ジャム工房やパン工房を開設したり、NPOを新設してマルシェを運営するなど、地域の中で新たな雇用を創出している。都会では難しくても、農村地域では自分らしく活躍できる場をつくりやすい。役場には、こうした新たな取り組みや挑戦を後押しする役割が求められる。

交流まちづくりに向けた取り組み

　また、飯豊町における交流まちづくりとしては、住民主体の活動、行政が
きっかけづくりを行っている活動など、特徴のある取り組みが長年にわたり
継続されている。以下に、その代表的な活動を紹介する。

アンテナショップの設置

　2014 年 11 月に、東京・高円寺にある高円寺純情商店街にアンテナショッ
プ「高円寺純情コミュニティショップ＆カフェ IIDE」をオープンした。首
都圏の拠点として、特産品の販売、町の情報発信、町民と都市住民の交流、
移住の窓口機能の役割を果たしている。また、「チャレンジショップ」として、
町内の生産者が店頭で対面販売し、消費者の反応やニーズを直接知って販路
の拡大につなげる機会も設けている。さらには、定期的に移住相談会も実施
しており、移住者の拡大にも積極的に取り組んでいる。

農家民宿による交流人口の拡大

　現在、中津川地区で 7 軒の農家民宿が運営されており、農都交流事業やイ
ンバウンド事業、教育旅行などの受け皿を担っている。町の交流人口の拡大
に向けて重要な役割を担う農家民宿では、山菜採り体験、畑仕事体験、冬に
はスノーモービル体験といった町の魅力を伝える多彩な取り組みが展開され
ており、特に昔語り体験は都会の若者たちが深く耳を傾けている（図1）。

農都交流事業による地域課題の解決

　都市と農山村を結ぶ農都交流事業では、ターゲットを「都市型企業」と
「教育機関」に絞り込んだ取り組みが進められている。そこでは、都市と農

山村が抱える課題を企業や大学等と連携して解決することが目指されており、町の地域資源を活用しながら課題を克服していくことで、双方にとってウィン・ウィンとなる事業を展開している。

「日本で最も美しい村」連合での学びをまちづくりに活かす

　飯豊町の職員である高橋弘之氏は、2015年4月より2年間、「日本で最も美しい村」連合に出向し、事務局長を務めた。神奈川県出身で半導体メーカーに勤務後、パートナーの実家である飯豊町にIターンしてきた経歴を持つ。出向以前から最も美しい村運動に傾倒しており、出向を経て現在も他の加盟町村とともに学習活動を先導しながら行政職員の立場からのオピニオンリーダーとして活躍している。

　高橋氏によると、最も美しい村運動で学んだ大切な取り組みに「住民の自主的活動」「世襲財産」「経済的自立」の三つがあり、なかでも「互酬の精神」は大切な観点だと語る[*1]。

　その象徴的な事例として挙げられるのが、幟旗である。個人店舗が客寄せのために掲げる幟旗は、一つの店が派手な幟旗を揚げると、それに負けまいと他の店舗も立て始め、通りの景観が損なわれる。「互酬の精神」とは、こうした「自分さえ良ければいい」という考えではなく、「地域全体が良くなるにはどうしたらよいか」を考える姿勢のことを指す。

　この考え方に関して、高橋氏は「1人が違反すると皆が倣ってしまうので、全体としての統一感を示すことを目指しています。こうした積み重ねによって、飯豊町のデザインが形づくられていくことになります。訪れる人々に対して、『飯豊町はこのような町なのです』と示せるようなデザイン・コードをつくりあげることが目標です」と熱く語る[*2]。

食とエネルギー、二つのスマート・テロワールの実現

　山形県の庄内地方では、山形大学農学部が地域プラットフォームとなり地

元企業や農家が連携して「庄内スマート・テロワール」に取り組んでいる。徐々に耕畜連携が進み、加工食品の生産にも着手し、地元自治体も参画し始めたことで、官民共同の動きも加速している。近年は、鶴岡市が食をテーマにまちづくりを進めようとしており、2017年からブドウ栽培に取り組み、ワイナリー・レストランが営業を開始している。その他、庄内各地のさまざまな事業主体により、家畜の堆肥を農地に戻すなどの耕畜連携、農工連携が進められており、地域内循環の経済構造が構築されつつある。

　一方、飯豊町では、2000年度に「飯豊町地域新エネルギービジョン」を策定し、エネルギー需要量の調査や将来予測を行った上で、2008年度に「飯豊町バイオマスタウン構想」（図4）を策定、さらに2017年度には農林水産省が推進する「バイオマス産業都市」の認定を受け、地域資源を活用した再生可能エネルギーの開発を発展させてきた。飯豊町の面積の8割を占める森林資源を有効利用するため、2009年度には木質バイオマス製造施設を整備し、木質ペレット等の製造を開始している。さらに、山形大学および民間企業との連携による「飯豊型ハイブリッドペレットストーブ」の開発・製造・普及を図り、需要と供給の両面から木質バイオマス資源の活用を進めてきた。

　また、ブランド牛として名高い「米沢牛」の4割を生産する同町では、肥育農家で家畜排泄物を堆肥化するなどにより資源を有効活用している。一方で、排泄物の臭気対策として、2004年度には排泄物を効率的に堆肥化して農地に還すための「有機肥料センター」を整備している。さらに、2017年度からは家畜排泄物等を活用したバイオガス発電事業にも着手し、臭気対策を含め、環境に配慮した耕畜連携の循環型農業に取り組んでいる。

　併せて、飯豊町が属する置賜地方においては、「置賜自給圏構想」が策定されている。庄内地方では食の取り組みから開始したが、置賜地方では再生可能エネルギーを地域内で循環させることに注力している。具体的には、地域内で再生可能エネルギー事業に携わる民間企業と飯豊町を含む置賜地方の自治体が連携し、家畜バイオガス発電事業などをもとに地域電力会社の立ち上げを進め、公共施設で使用する電気を地域電力会社から購入するしくみにすることが検討されている。この考え方は、「日本で最も美しい村」連合の海外視察で訪

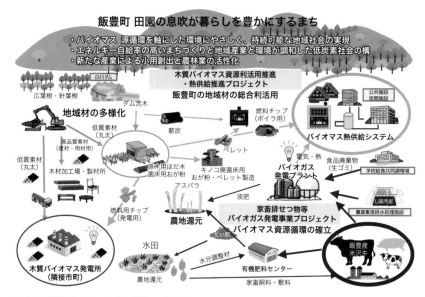

図4 「飯豊町バイオマスタウン構想」の概略図（出典：飯豊町「飯豊町バイオマス産業都市構想」2017年）

れたドイツのシュタットベルケ（電気・ガス・水道・交通などの公共インフラを整備・運営する自治体所有の公益企業・公社）の取り組みに学んだものである。

このように、山形県内では今、食と再生可能エネルギーの両面から「スマート・テロワール」を実証する取り組みが進みつつある。やがては、これら二つが融合していくことが期待される。

若者が活躍できる舞台を整える

町内の散居集落では、空き家の処理に伴い屋敷林を伐採する人が出てきている。その背景には、住宅性能の向上により防風林が不要になったこと、若者の価値観の変化がある。今後、町では景観条例・計画の制定を進めていく予定だが、それに先駆けて屋敷林整備の補助事業をスタートさせている。また、エリア協定の導入も検討されており、協定を結んだエリアでは屋敷林の保全を前提に間伐の支援を継続させることが議論されている。

一方、人口が 300 人を切り、高齢化率も 50％を超える状況にある中津川地区では、地区別計画の策定に合わせて、今後の地区のあり方について話しあいが進められている。地域の未利用資源を見直しつつ活用していくことで雇用を創出し、小規模分散型の持続ある地域づくりを目指していくことが検討されており、1 万 2 千 ha に及ぶ森林の活用に向けて、農業法人や住民自治組織などで協議会が結成され、そこに役場も加わり議論も始まった。農家民宿の運営者も 70 〜 80 代と高齢化が進んでいるため、今後の展開を考える必要に迫られている。

　そんななか、飯豊町で今生まれつつある可能性は、若者の起業が増えていることである。一昨年に若い夫婦が移住し、夫は森林施業に従事、妻は地域おこし協力隊で観光体験メニューづくりを担当している。また、飯豊連峰を源流とする白川ダムでは、貯水量が上昇する 4 月から 5 月にかけて、湖岸の柳が水没し、朝に霧が立ちこめて幻想的な風景が広がる。この景観を楽しもうと町内の若者たちがカヌークラブを発足し、水没した林の間をカヌーで巡るガイドツアーを開発したところ、徐々に人気が高まり、来訪者も増えているという（図 5）。さらに、臨時屋台などで地元の農産品を販売する事業も始めたことから、地域の農家との連携も生まれている。これまで気づかなかった地域の美しさが新たな地域資源となり、まずは自分たちが楽しみ、それをお裾分けするように外部からの来訪者にも楽しんでもらえることが、若者たちの起業への自信につながっているという。こうした状況に対して、ダムを

図 5　白川ダムの水没林をカヌーで巡るガイドツアー（提供：飯豊町役場）

管理する国土交通省も若者たちの湖の活用をしなやかに支援している。

　飯豊町役場の高橋氏は、これからの行政がやるべきことは、今まで以上に先見の明を持って世界や国内の動きをキャッチしながら住民が活躍できる舞台を整えることだと感じている。それは、地域を元気にしたいと活動する若者たちの背中を押すこととも言える。

　また、自らが問題意識を持ち続けることで、住民からの要望を把握し、町内・町外に限らずさまざまな人と人とをつなげていくことに喜びを感じているそうだ。その背景には、「日本で最も美しい村」連合に出向していた際に、自分たちだけでは発想できなかった取り組みを他の加盟町村で目の当たりにした経験がある。現在は飯豊町の企画課長として、さまざまなまちづくりの課題に向きあう日々を過ごしているが、その解決には連合で学んだ経験が生きていると、次のように語ってくれた[3]。

　「果たして、どれほどまちづくりが前進しているかはわかりませんが、連合加盟当時より視野は大きく広がっています。大切なものは、仲間・同志ではないでしょうか。その仲間・同志は、役場職員だけにとどまらず、住民との語らいと実践の中でもその輪を広げていく必要があります。最も美しい村を実現するには、住民の行動が率先されることが大事です。また、同じ悩みを持つ他の加盟町村の役場担当者との意見交換を活かしていくことも大切にしたいと思っています。『日本で最も美しい村』連合の本質は、審査と相互学習の場に集約されているのではないでしょうか。例えば、2012年に長野県高山村で開かれた連合の総会でちょっとした騒動がありました。加盟町村の首長たちがワークショップで導き出した提言を、松尾さんが一蹴されたんです。ですが、この侃々諤々なあり方こそが連合の本質に他なりません。今こそ、多事争論が求められているのではないでしょうか」。

　この高橋氏の言葉に、終わりのない取り組みである「交流まちづくり」の意義と必要性が語られている。

　　　　　　　　　　　　　　　　　　　　　　　　　　　　　（山田泰司）

＊1　高橋弘之氏へのヒアリング
＊2　高橋弘之氏へのヒアリング
＊3　高橋弘之氏へのヒアリング

7-3

ミッテルベルグハイム村（フランス）
住民が誇りを持ち自律的に活動する最も美しい村

ミッテルベルグハイム村の概要

フランスの最も美しい村

　2020年時点で、フランス国内にある約3万2千の村のうち159村が「フランスの最も美しい村協会（Les Plus Beaux Villages de France）」に加盟している。

図1　ブドウ畑の丘に囲まれたミッテルベルグハイム村の市街地

図2 アルフレッド・ヒルガー前村長

　ミッテルベルグハイム（Mittelbergheim）村は、1983年に認定された「フランスの最も美しい村」の一つである（図1）。「美しい村」に認定されるには「世襲財産」「経済的自立」「住民の自主的参加」の三つの条件を満たすことが求められるが、ミッテルベルグハイム村の特徴をこの3点に当てはめると、「都市計画による資源・景観保護」（世襲財産）、「ワイン産業とツーリズム」（経済的自立）、「アソシエーションによる住民活動」（住民の自主的参加）となる。「美しい村」の活動に熱心に取り組むアルフレッド・ヒルガー村長（2020年5月に引退、図2）は、小規模自治体として持続可能な地域づくりを進める上で、「美しい村」として自立した村づくりをすること、村の歴史・文化遺産を守ること、一つの村として政治的にも独立していくことの三つをを重要な点として挙げている。

　以降では、2015年から2019年の期間に三度実施した現地調査をもとに、「世襲財産」「経済的自立」「住民の自主的参加」の三つの観点からミッテルベルグハイム村の村づくりを見ていきたい。

アルザス・ワイン街道の中心地

　ミッテルベルグハイム村は、フランス北東部グラン・テスト（Grand Est）地域圏（旧アルザス地域圏）にある635人（2018年時点）が暮らす小さな村

である。グラン・テスト地域圏はドイツとスイスの国境に接しており、東はシュヴァルツヴァルト（黒い森）、西はヴォージュ山脈との間に位置する。

　この地域には、17世紀から19世紀にかけて、フランスとドイツの領地を行き来した歴史的背景がある。住民の多くはドイツ系のアレマン人をルーツとするアルザス人で、年配者を中心に住民の約半数が現在もドイツ語系の方言であるアルザス語を話す。また、衣食住などに関わる生活習慣や風習・文化などにもドイツの影響が色濃く残っており、フランスの中でも独白の文化を育んできた地域であると言える。このような背景から、アルザスの人々の中には「アルザス人」としての強い意識と誇りを持つ人が多い。

　また、アルザスは、ボルドー、ブルゴーニュに並ぶフランスワインの三大銘醸地の一つとして名高い地域でもある。スイスアルプスを源として北海に流れ込むライン川沿いには、ライン地溝帯と呼ばれる水はけの良い砂と砂利が蓄積した大地が広がっており、標高200〜400mの丘陵地帯の東斜面にはブドウ畑が延々と続く（図1）。さらに、ヴォージュ山脈の恩恵により、台風などの悪天候に悩まされることが少なく、温暖かつ乾燥し、さらに寒暖の差が大きいというブドウ栽培に適した気候に恵まれた土地（テロワール）からは、良質なワインが生産されている（図3）。

　このブドウ畑を縫うように、スイス国境沿いのミュルーズ（Mulhouse）に隣接するタン（Thann）から、ストラスブール（Strasbourg）の東側に位置するマーレンハイム（Marlenheim）まで、旧アルザス地域圏の中央に南

図3　ミッテルベルグハイム産のアルザス・ワインとその生産者

北およそ 170km にわたるアルザス・ワイン街道が続いている。この街道沿いには、100 を超える小さな村々が点在し、900 軒以上のワイナリーがあるとされる。ミッテルベルグハイム村は、このワイン街道のおおよそ中央部に位置し、グラン・テスト地域圏の首府であるストラスブールから西南に約37km、フランス国鉄の鉄道駅がある人口約 6700 人の地域中心都市であるバール（Barr）に隣接している。

行政主導による資源・景観（世襲財産）の保護

アルザスの魅力の一つに、中世からルネサンスにかけての面影を色濃く残す、美しい街並み景観が挙げられるだろう。ミッテルベルグハイム村の中心部にも、1500 〜 1620 年頃に建てられた民家が 80 軒ほど残っている。これらはワイン醸造で富を得たブドウ農家が当時モダンとされていたデザインの家に建て替えたもので、木の柱や梁を露出させた外壁と黄土色の瓦の切妻屋根による独特のスタイルは、ドイツで多く見られる「コロンバージュ様式」と呼ばれる。このパステルカラーの素朴な民家が小道に並ぶ光景が、童話の世界に入り込んだようなメルヘンチックな雰囲気を醸し出している（図4）。

ミッテルベルグハイム村では、「美しい村」への登録審査にあたり、旧市街エリアの電柱の地中化を行った。登録後は、美しい街並みを保存していくため、景観保全への配慮に努めている。特に、歴史的建造物が残る中心部のエリアには、民家の瓦や漆喰の色、屋根の角度、窓の形状などに関して独自の規制をかけている（図5）。また、屋根にソーラー発電機等を設置する際には、見えないように取り付ける配慮が求められる。さらに、エリア内の建物の改修を行う際には、村をはじめ、フランス建築協会や文化庁にも届け出を行わなくてはならず、「村の景観条例」「フランス建築協会の規制（文化省管轄）」「フランスの最も美しい村協会の基準」など多数の規制や基準をクリアすることが求められる。一方、通りから見える屋根と壁面については、村と県で改修費の一部を助成するなど、景観整備のための支援制度も設けている。

図4　ミッテルベルグハイム村の街並み

図5　村の景観条例で定められた屋根瓦のサンプルと民家の屋根

　このような厳しい規制に対して、村の人々は、伝統や歴史的遺産を守ることは重要なことであるという共通認識を持っている。2019年に現地を訪問した際には、旧市街のメインストリートに面した16世紀の民家に住むジョンポール氏のお宅を見学させていただいた。当時の面影が保存された外観の印象とはまったく異なり、室内は現代的にリフォームされ、とてもモダンで快適な空間になっていたことに驚いた。

図6　ストラスブールから移住してきたクリック夫妻と改修中の民家

　また、「フランスの最も美しい村」への登録をきっかけに、村への移住希望者も増えており、空き家が出てもすぐに売れてしまうとのことであった。旧市街地の空き家1軒あたりの価格は約10〜20万ユーロ（約1400〜2800万円）だが、住むためには建物の購入費と同額程度の改修費用がさらに必要となる。現地で訪ねたクリック夫妻は、ストラスブールからミッテルベルグハイム村に移住することを決め、1年ほどかけて物件を探し、元は鍵屋として使われていた400年前の建物を購入した。訪問した際は1年がかりで改修を行っている最中で、「改修には規制が多く時間もかかるが、将来は別棟を利用して民宿を営みたい」と語っていた（図6）。

ブドウ畑の保全とワイン産業による経済的自立

　「テロワール（Terroir）」とは、大地を意味するフランス語「Terre」から派生した言葉で、大きく「場所（地形）」「気候」「土壌（地層）」の三つの要素が含まれる。フランスの人々は、土地の個性に基づく作物の生育環境を表す「テロワール」に大きな価値を置いてきた。

　ミッテルベルグハイム村は、標高220mの石灰岩の丘の上にあり、ブドウ畑がグリーンベルトのように市街地の外側を取り囲む。村の総面積（3.83km^2）の約半分（1.7km^2）がアルザス・ワインのブドウ畑で占められ

図7　ドメーヌの生産者とアルザス・ワイン

ており、高品質なワインが生産される特級畑「アルザス・グラン・クリュ」
の中でも、アルザスの伝統的な品種であるシルヴァネールの生産を唯一認め
られた「ゾッツェンベルク」の畑を有することで名高い。

　村内には、ブドウ栽培からワイン醸造までを一貫して行う「ドメーヌ」と
呼ばれるワイン生産農家が19軒ある（図7）。周辺には、協同組合が一括し
てブドウを仕入れることで製造の効率化を図り、大衆向けワインの大量生産
を行っている村もあるが、ミッテルベルグハイム村では、家族経営の小さな
ドメーヌがそれぞれに個性のある上質なワインを生産することで、価格の安
定や健全な経営、後継者の確保等につながっている。村のワインの販売先は、
観光客も含めて個人客向けの直売が80〜85％を占め、残りはドイツ・オラ
ンダ・ベルギー・デンマーク・アメリカ等へ輸出されている。製品のほとん
どが地域内で消費されていることも、安定的な経営につながっている要因で
ある。

　このような希少価値の高いブドウの栽培と高品質のワイン醸造を支える
「テロワール」は、この小さな村の経済的自立の基盤となっており、村の人々
は先人から受け継いだブドウ畑を財産として大切に守ってきた。「美しい村」
の認定を受けてからは知名度と評判が上がり、村への移住希望者は後を絶た
ないが、ヒルガー村長は、人口を増やすことよりも、村の経済的自立と美し
い景観を支えるブドウ畑を守ることが村にとって最も大切なことであり、ブ

ドウ畑を減らしてまで市街地を拡大したくないと考えている。この村長の考えに基づき、村議会では都市計画の中で住宅開発に規制を設け、市街地のスプロール的な開発を抑制している。

アソシアシオンによる住民主体のまちづくり

　ミッテルベルグハイム村の特徴として、「アソシアシオン（Association）」と呼ばれる住民のまちづくり団体の活動が盛んなことが挙げられる。アソシアシオンは 1901 年にフランス全土で制定された住民活動のしくみであり、基本的にはボランティアの組織で、補助金と自主財源で運営されている。村では、このアソシアシオンへの住民参加率が高く、各世帯の中で誰かが何らかのアソシアシオンのメンバーになっているとのことであった。2020 年時点で 14 のアソシアシオンが存在しており、その種類は消防団、高齢者の福祉支援、移住者への住居支援、ワイン生産者組合などの村の運営に関わるもののほか、健康づくりなどのサークルや、プロテスタントとカトリックのそれぞれの教会団体なども含まれる。

　このうち、村で最も古いアソシアシオンが、1973 年に設立された「ミッテルベルグハイム友の会（Les Amis de Mittelbergheim）」である。もともとは村のシンボル的建造物の一つである公会堂の改修をきっかけに集まった 10 名ほどの住民が立ち上げた団体で、現在は「美しい村のイメージをつくる」ことを目的に、村内の歴史的・文化的遺産の保全や保存に関する活動を行っている。村には、13 世紀から続くワイン産業の遺産が数多く残っており、なかでも 16 世紀の木製のブドウ圧搾機や 18 世紀の精油施設などは歴史学的にも貴重なものとされている。

　ミッテルベルグハイム友の会では、これらの遺産を整備・保存するだけでなく、説明板を設置して展示しながら保存することで、観光資源としても活かす取り組みを行っている（図 8）。併せて、村に残る公文書の整理・保存にも力を入れており、特に各年のブドウの収穫量やワインの価格などのワイン産業に関する記録と、村内の歴史的建造物に関する記録の収集・整理・保

図8　展示されている16世紀のブドウ圧搾機と説明板

存に取り組んでいる。歴史的建造物に関しては、村に残る住民の出生届（住民票）の記録や、旧市街地の各民家に誰がいつまで住んでいたかといった記録を、3年ほどかけて整理したとのことであった。

村の魅力を活かした観光交流とプロモーション

　ミッテルベルグハイム村の特徴は、基幹産業であるブドウの栽培とワインの醸造に加えて、農地や自然環境、歴史的資産を守ることによる景観づくり、そしてそれらの資源を活かした観光が一体となった村づくりに取り組んでいることである。村内には10軒のホテルと25軒のジット（民宿）があるほか、ミシュランで星を獲得しているレストランをはじめとしてアルザス伝統の郷土料理やジビエ料理を提供する店など、いずれも評価の高い3軒のレストランがある。1983年に「フランスの最も美しい村」に認定されてからは観光客も増加しており、村内の宿泊施設は常に予約が埋まっているような状況で、特にバカンスシーズンである夏の3カ月間は満室状態が続く。

　なかでも最も村が賑わうのが、毎年7月最終の週末に開催されるワイン祭りで、2日間で4千人以上の人が訪れる村一番のイベントとなっている（図9）。50年近い歴史を有する祭りで、若者を中心とした100人以上の住民ボ

図9　2016年7月に開催されたワイン祭り。消防団のデモンストレーション（上）なども催され、祭りの夜は深夜まで多くの人で賑わう（下）

ランティアを動員して1年かけて準備が行われる。

　祭りの当日には、村の中心部が歩行者天国となり、160以上のテーブルが並び、地元のドメーヌが生産した200種類以上のワインが提供される。また、ワインカーヴ（貯蔵庫）が一般に公開され、アルザスの伝統舞踊の披露、マーケットの開催、消防団のデモンストレーションなど、さまざまな催しが行われ、昼夜を通じて大変な賑わいを見せる。この祭りは、ドメーヌの顧客の獲得と村の活性化につながっているほか、住民の団結や一体感を醸成することにも貢献している。

　また、ミッテルベルグハイム村は観光地ではないが、「美しい村」のプロモー

図10　2019年7月に開催されたサマーマルシェ

ションに対する住民の意識が高く、イベントやツーリズムに関するアソシアシオンの活動も盛んである。例えば、ワイン産業の歴史を伝える「ワイン・ブドウ栽培資料館」の整備・運営を行う団体や、村のPR動画を作成する団体などが活動するほか、2017年からは消防団とワイン生産者組合などが協力し、地元の農産物を扱うサマーマルシェを始めた（図10）。7月と8月の毎週水曜日の夕方に開かれるマルシェでは、野菜や肉の生産農家や、パン・ハチミツ・ジャムなどの加工品を扱う生産者が週替わりで出店する。出店はミッテルベルグハイム村とその周辺の生産者に限定されており、出店料は徴収していない。会場では買った商品をその場で食べられるバーベキューコーナーなども用意されていて、住民同士が交流できる場にもなっている。

　そのほかにも、4月にワインカーヴの公開、9月に新酒フェスティバル、

さらに 12 月にはアルザスのクリスマス菓子が並ぶ「ブレデルマリック」という市が開かれるなど、年間を通して各アソシアシオンが多彩な祭りやイベントを開催し、住民同士の交流を促進しながら、外貨獲得や地域内の経済循環にも効果を上げている。

「美しい村」づくりの本質

ここまでミッテルベルグハイム村の「美しい村」づくりを見てきたが、その中で最も重要で価値のあるものは、活動を通して育まれる住民たちの村への誇りと愛着だろう。

普段は人通りもまばらな静かな村だが、村一番のイベントであるワイン祭りには多数の若者がボランティアとして集まる（図11）。道路に面する民家の窓辺やバルコニーは、いつも色鮮やかな花で彩られている。住民たちはそれぞれのアイデアと村への想いから仲間とアソシアシオンを立ち上げ、それ

図11　教会前広場で開かれたワイン祭りの慰労会。20 代の若者が 100 人を超えるボランティアを取りまとめた

らを形にしていく。そして、村への来訪者を暖かくもてなし、自らの村の歴史や魅力について活き活きと語ってくれる。

　こうして「フランスの最も美しい村」に加盟し、官民一体となった自立的な村づくりに取り組んできたミッテルベルグハイム村は、2018年にフランスのテレビ局が発表した「フランス人の最も好きな村」ランキングで全国2位に選ばれた。このような対外的な評価も、住民の村への愛着や誇りの醸成につながっている。他の村と同様、ミッテルベルグハイム村でもワイン産業やアソシアシオンの後継者不足が近年の悩みであるが、村の財産を次世代に引き継いでいこうという住民の想いは強く、それに応えようとする若者たちも日本よりもずっと多いと感じた。

　「フランスの最も美しい村」の活動に熱心に取り組んできたヒルガー村長は、2020年5月に長年務めてきた村長を引退した。「次世代に伝えたいことは、村の歴史遺産・自然環境・地域資源です。都会の煌びやかな生活は望みません。それが我々の価値観なのです」と述べたヒルガー村長の言葉が強く印象に残っている。

　「美しい村」づくりは、単なる資源の6次化ではない。ブドウ栽培（農業）とワイン醸造（製造業）、街並み景観（観光・交流）が一体となって醸し出される村の魅力に、そこに暮らす住民自身が気づき、磨き上げてきたことが、ミッテルベルグハイム村の「美しい村」づくりである。そしてそれは、あくまでも観光客のためではなく、自分たちや次の世代がこの村で豊かに暮らし続けていくために行っていることであり、そのような価値観の共有によりつくられる村のクオリティ（質）が、来訪者を惹きつけ、「美しい村」としてのブランド力を高めているのである。　　　　　　　（中嶋紀世生）

7-4

ザクセン州の最も美しい村（ドイツ）
人口１千人以下の村々が挑むコミュニティツーリズム

ザクセン州の概要

　ザクセン（Sachsen）州は、ドイツを構成する16の連邦州の一つで、国土の東部に位置し、東はポーランド、南はチェコに接する。面積約1.8万 km²、人口約408万人で、ドレスデン（人口約55万人）を州都とする。

　ザクセン州のあるドイツ東部では、第２次世界大戦後の1949年、旧ソビエト連邦（ソ連）の占領地域として「ドイツ民主共和国（Deutsche Demokratische Republik：DDR）」が建国され、その体制が1990年まで続い

図１　オーバークンナースドルフ村の農村風景

た。第2次世界大戦の激戦地であり、戦後も冷戦下の社会経済の大きな変動にさらされた地域である。

　特に農村では、敗戦直後に土地改革が実行され、大地主の解体と社会主義的な計画論による農地の再編がソ連の主導で行われた。ベルリンの壁ができ、移動が制限される前に、大地主、知識人やホワイトカラー、技術者、仕事の機会を求めた若者が、東ドイツから西ドイツへと次々に移動していった。

　この東ドイツにできた空白地帯に、オーデル・ナイセ川の東から追放された難民や、これまで農業に従事したことがない人々が流入し、彼ら・彼女らにもわずかな土地と農業資材が配分された。東ドイツでは、戦後の混乱と復興期に、高齢化と農村・地方都市の空洞化、地方財政の逼迫という社会問題が複合的に生じていた。

　東西ドイツ統一前の1980年代、東ドイツはソ連との関係悪化から石油が不足し、エネルギー源として褐炭の利用が増大していた。褐炭は広くストーブとして暖房熱源に大量に利用されたが、特にライプツィヒやハレ、ドレスデンのような南部の都市工業集積地および人口集積地では、生活由来の褐炭ストーブの煤煙と化学コンビナーによる大気汚染、褐炭の露天掘りによる森林破壊・地下水汚染・河川汚濁といった環境危機が深刻化していった。

　本稿でフォーカスするザクセン州内では、中央を貫くエルベ川の流れに沿うようにまちが形成され、山と森の中に小さな村々が点在する（図1）。村の数は約3300に及び、民族的にはゲルマンだけでなく、フランクやスラヴにルーツを持つ村も多い。そうした多様な背景をもつ人々が混じりあう村、環境危機から自然再生する村、村の再生に参加する人々、コミュニティツーリズムに挑戦する人々の取り組みを紹介したい。

「ザクセン州の最も美しい村」の活動

11 村でのスタート

　ザクセン州では、2011 年に「ザクセン州の最も美しい村（Sachsens Schönste Dörfer）」が設立され、ゲルマン・フランク・スラヴの各民族が混じりあう文化と社会、折り重なる土地と人（移動と人種の混合）の歴史を守る運動が開始された。ザクセン州の環境省職員であるマークス・シーム氏、都市計画・地域開発コンサルタントのヨハネス・ヴァン・コルフ博士、オーバークンナースドルフ村のジョセフ・クゥンプス村長の 3 名を中心に運営されており、それを各加盟村の住民が支えている。

　ザクセン州では、人口が 5 千人を超えると町の扱いとなるため、村の規模は 5 千人以下である。「ザクセン州の最も美しい村」の加盟村は、人口の多い村でも 700 人程度であり、4 世帯という村もある。

　2019 年時点で、オーバークンナースドルフ（Obercunnersdorf）、ヒンターヘルムスドルフ（Hinterhermsdorf）、シュミルカ（Schmilka）、シュラークヴィッツ（Schlagwitz）、スタンゲングリュン（Stangengrün）、フランケン（Franken）、ドライスカウ＝ムッカーン（Dreiskau–Muckern）、ヘーフゲン（Höfgen）、アウターヴィッツ（Auterwitz）、ローレンツキルヒ（Lorenzkirch）、ナウシュタット（Naustadt）の 11 村が加盟している。

伝統的な町並みを保全し、観光に活用

　「ザクセン州の最も美しい村」では、伝統建築の再生に力を入れている。その一つが、州の南部から東部にかけてのチェコおよびポーランドと国境を接するエリアに見られる、「ウムゲビンデハウス」（半木骨造建築）と呼ばれる住宅である（図 2）。この住宅の建築様式は、12 世紀にこの地域に入植したゲルマン系の民族がつくり始めたもので、13 〜 15 世紀に完成したと言わ

図2 オーバークンナースドルフ村に建つウムゲビンデハウス

れている。

　全体の構成としては、スラヴ様式の石組みの基礎と木造のログハウスから
なる1階部分の上に半木骨造様式による2階と屋根裏が載る。材料には、石
材、木、藁、土（粘土質の高いローム）など、周辺地域から調達できる自然
由来のものがそのまま使用されている。また外壁には、地元の素材からつく
られた平タイルや石板を組みあわせた装飾が施される。

　クゥンプス村長によると、オーバークンナースドルフ村では1580年に建
設された建物が最も古く、今でも人が住んでいるとのことであった[*1]。クゥ
ンプス村長は、伝統工法のリノベーションを手がける工務店の経営者でもあ
り、息子と職人たちとともに同村のウムビギンデハウスの保全に取り組んで
いる。こうした活動によって美しく整えられた町並みに惹かれてヨーロッパ
各地から訪れる観光客も増えている。

移住者を増やすための仕掛けづくり

　「ザクセン州の最も美しい村」は、移住者の受け入れにも力を入れている。かつて東ドイツに属していた時代には、小さな手工業が営まれていた州内の各村では、1990年の東西ドイツ統一に伴う自由化により、工場が次々に閉鎖され、住民の仕事がなくなった。また、ダンスホールや集会場などの大型建築物が競売にかけられ、それを村外の投資家が購入したもののメンテナンスもされないまま放置され、倒壊の危険性が高まっている。

　こうした状況について、コルフ博士は次のように語る[*2]。「東ドイツ時代は、貧しくとも村に工場があり、仕事があった。しかし、東西統一後の自由化によって、村の工場の多くが倒産した。それに伴って仕事がなくなり、若者が住みづらくなった。子どもが生まれないから学校もない。農地は自由化されたが、旧西ドイツや国外の投資家が農地を購入して大規模に農業経営を行っている村もあり、必ずしもその村の人が農業で生計を立てているわけではない。農業は盛んだが住んでいる人は少ない村もある」。

　このような現状を認識しつつ、「ザクセン州の最も美しい村」では、移住

図3　アウターヴィッツ村で開催された移住希望者向けのワークショップ

希望者の相談会を開催している。相談会では、村に残る伝統建築物の空き家の紹介、改修した家の見学、伝統工法の職人を集めた意見交換会や改修ワークショップの開催のほか、村の拠点であるパン工房でパンを焼き、食事をしながら生活や仕事に関する相談にのるといった、村を知るための多彩な場が提供されている（図3）。こうした地道な取り組みを積み重ねた結果、村への移住者は少しずつ増加している。

住民の自立への意志が「最も美しい村」を生む

　スタンゲングリュン村は、自然保護区内の標高400〜500mの谷筋に位置し、600人ほどが暮らす。1990年の東西ドイツ統一以降、周辺部の人口が30〜35%減少していくなか、この村の人口は2%程度のマイナスとほとんど変化していない。とはいえ、古くからの住民がそのまま世代を越えて暮らしているというわけではない。1945年に100軒あったと言われる農家は、現在は専業農家が5軒、兼業農家が11軒と激減している。

　近年の村の賑わいは、給食やスーパーに供給するパン工場が、村の出身者によって村内に開設されたことによる。パン工場の一角には、住民向けのパン屋もオープンし、雑貨屋と美容室も併設されている。食産業の創生が地域を潤した。

　村では、医師のディサード・ウェイツェル氏のお宅にホームステイさせていただいた。彼は、この村に生まれ、東ドイツ時代もこの村で過ごし、今も診療所に勤めている。東西ドイツの統一後は、農家であった生家を改装し、村の農機具や古道具を集めて、地域農業博物館をオープンさせた。道具を使っていた人の写真や思い出とともに展示された数々の道具のコレクションについて、ウェイツェル氏がその用途を実演しながら説明する。博物館の入口中央のオープンスペースでは、来客があれば食事とワインを持ち寄り、おしゃべりを楽しむ。まさに“生きた”農と食の博物館である（図4）。

　この村には、幼稚園や高齢者のためのデイケアセンターも整備されており、1317年に建てられたセントメリーズ教会では村の音楽団の歌声が響く。さ

図4　スタンゲングリュン村で医師が運営している地域農業博物館

らには、1911年結成の消防団が、今なお村のクリスマス行事を取り仕切っている。カフェを併設する花屋では人々がくつろぎ、村の入口にある1901年創業のレストランでは「子どもの頃から変わらない味」を楽しむことができる。1923年創業の家庭用掃除道具製造の地場産業も守られている。

　村人は、こうした場所で村の歴史と伝統に触れながら、思い思いに来訪者を迎え、食を持ち寄り、ワインを飲み交わす。賑わいのある村の暮らしには、過去と現在が混ざりあう。

　こうした暮らしの豊かさを支えているのは、地域の人々の「自立」への意志である。そうした地域の人々の意志が、村の固有性やアイデンティティを育み、交流を呼ぶ。その積み重ねが「最も美しい村」を形づくっていく。スタンゲングリュン村は、ドイツ中央政府が主催する「私たちの村には未来がある（Unser Dorf hat Zukunft）」というコンテストで、2015年に入賞を果たし、2016年にはシルバー・メダルを獲得した。

地域の再生から交流人口の創出へ

　「ザクセン州の最も美しい村」の宿泊先は、簡易的なホテルか農家民泊、ホームステイが主流であった。それぞれの村は直線距離ではそう遠くないが、エ

ルベ川とオーデル川の源流域が重なる入り組んだ森の中に分散している。そのため、川の道を下り、また別の川の道を上って行かなくてはならず、1日にいくつもの村を訪問することはできない。また公共交通機関は発達しておらず、高速道路を利用しながらの車移動が基本である。ドレスデンやライプツィヒ、ハレといった都市を起点として、1日に1村、日帰りで訪れるのが一般的なスタイルとなっている。そのため、宿泊施設が発達していない。

　ユニークだったのは、ナウシュタット村の「シャルフェンベルク城」である。磁器のまちとして知られるマイセンの近く、エルベ川を見下ろす丘の上に18世紀に建設された城砦は、屋根が崩れ落ちるほど放置されていた。それを現オーナーが買い取り改修したホテルで、2018年にオープンし、結婚

図5　シャルフェンベルク城を改修したホテル

式やセレモニーにも使われている（図5）。

　また、チェコとの国境沿いに位置するシュミルカ村では、村全体を観光地として再生していた。シュミルカ村には、クラフトビールの醸造所とワイナリーが整備され、レストラン、ホテル、バー、自家製酵母のパン屋やピッツェリア、さらには長期滞在用のアパートメントが建設されている。加えて、小麦を挽く水車などのかつての村の暮らしも再現されており、エネルギー面でも太陽光と木質バイオマスを活用したクリーンエネルギー化が推進され、村内を走る作業車には電気自動車が使用されていた。

　2018年3月に同村を訪れた際には、冬場の観光客の拡大に向けてフィンランド式サウナとホットストーン・マッサージの店舗が建設されたところで、併設の温浴施設も完成していた。また、同村が属するザクセン・スイス国立公園内に冬季用のトレッキングコースが整備され、ガイドも常駐していた。冬場にもかかわらず多くの来訪者でに賑わっており、ホテルも満室であった。

　コルフ博士は、「起業家が村に移住し、それなりの資本を投入してコミュニティツーリズムのビジネスを立ち上げた、地域資源を活かして新しい価値を

図6　シュミルカ村を再生してコミュニティツーリズムを推進する起業家（左）

生み出している新しいモデルケースだ」と評価している*3。このように「最も美しい村」への移住者の中には、伝統的な資産を改修・活用してコミュニティビジネスを立ち上げる場所を探している者も現れている（図6）。

州や国境を越えた取り組みに向けて

　州の独立性が高いドイツにあって、州を越えた動きに拡大させることは容易ではない。「ザクセン州の最も美しい村」は、世界各地での取り組みを統括する「世界で最も美しい村」連合会（7章1節参照）では「準加盟」に位置づけられている。その一方、近年、北に隣接するブランデンブルク州の歴史遺産村協会に加盟する11村と連携したほか、北西で接するザクセン・アンハルト州とも連携協議を開始するなど、そのネットワークに広がりを見せている。

　今後の可能性について、コルフ博士は次のように展望している*4。「これまで州を越えてネットワークを拡大するのはとても難しかった。しかし、活動を10年間継続してきたことで、ドイツ国内でさまざまな形で認知され、信頼を高めてきた。『私たちの村には未来がある』のコンテストに選出される村も出てきた。現在、ネットワークをさらに拡大するために、ドイツ全体で180村をリストアップしている」。

　「ザクセン州の最も美しい村」には、チェコやポーランドと国境を接している村もある。例えば、オーバークンナースドルフ村では人口減少と高齢化が問題となっているが、隣接するチェコ側では子どもが増えているという。そこで、オーバークンナースドルフ村の幼稚園と小学校でチェコの子どもたちの通学を受け入れ、教育機能を維持していくことも考えているという。このような国境を越えた連携も模索されていて面白い。

　　　　　　　　　　　　　　　　　　　　　　　　　　　　（藤本穣彦）

＊1　ジョセフ・クウンプス氏へのヒアリング（2019年9月30日）
＊2　ヨハネス・ヴァン・コルフ氏へのヒアリング（2019年10月1日）
＊3　ヨハネス・ヴァン・コルフ氏へのヒアリング（2018年3月10日）
＊4　ヨハネス・ヴァン・コルフ氏へのヒアリング（2019年10月1日）

おわりに

　本書は、建設コンサルタント会社の株式会社建設技術研究所、日本工営株式会社、パシフィックコンサルタンツ株式会社に所属するまちづくりの専門家により結成された「観光まちづくり研究会」のメンバーが中心となり執筆したものである。本書で紹介した事例は、4章のインフラツーリズムを中心に、3社が直接関与した事例も多い。また、5章のサステイナブルツーリズムにおいても、これまで環境アセスメント業務で培ってきたノウハウを活かした新たな提案を行っている。なお、7章で紹介した海外の2事例については、外部の専門家として宮城大学の中嶋紀世生先生、明治大学の藤本穣彦先生にご執筆いただいた。

　「観光まちづくり研究会」は、2000年12月に3社によって設立された組織「国土総合研究機構」に属する研究会で、2005年6月より活動を開始した。研究会では、7章で取り上げている「日本で最も美しい村」連合の活動支援をはじめとする具体的な地域づくりのお手伝いとともに、観光地の交通問題・ゴミ処理問題・水環境問題・景観まちづくりなどをテーマとした各種セミナー、まち歩き体験などを実施しており、一貫して「持続可能なまちづくり」をメインのテーマに据えて調査・研究を継続している。

　私たちが掲げる「持続可能なまちづくり」では、「人口減少が続いたとしても、その減少傾向を最小限に食い止めるとともに、住民が幸福感と地域への愛着を持って住み続けられるまち」「行政の財政が破綻することなく継続できるまち」の実現を目指している。

　その後、2008年10月に観光庁が発足したことを受け、全国各地の自治体で観光への関心が高まりを見せるようになった。その一方で、国内の主要な観光地において、観光客と住民との間に軋轢が生じ、交通渋滞やゴミのポイ捨て、自然環境の破壊といった問題が浮き彫りになり始める。そうした背景を受け、当研究会では、住民と観光客との共存を図る持続可能なまちづくりについて議論を重ね、2009年に書籍『観光まちづくりのエンジニアリング』(学芸出版社) としてまとめた。その書籍では、地域の環境容量を超えない

ようにすること、また観光振興を唱えても地域住民の暮らしや産業が豊かにならなくては意味がないことを論じた。

本書は、前著の出版から 10 年以上が経過し、少子高齢化や人口減少がより鮮明となるなか、「観光」や「交流」に注目が集まる時代に出版する、研究会にとって第 2 弾の書籍となる。

一般に建設コンサルタントの仕事と言えば、ダムや道路などのインフラ整備の際に設計や工事管理を行うものと思われているが、実際には「環境アセスメント」を行い、インフラ整備の周辺環境への影響を評価したり、そもそもどのようなインフラ整備が必要なのかを考える具体的な事業の立案業務も行っている。また、インフラ整備の必要性を議論するためには、その地域が将来どのようなまちづくりを行うのかを見定める必要がある。その際、まちづくりのお手伝いも行っており、その意味において建設コンサルタントは「まちづくりの専門家集団」としての一面を有している。

これまでの日本では、定住人口を増やし、住民の満足度を高めるための「まちづくり」と、観光客を呼び込むための戦略的な取り組みとを分離して行ってきた自治体が多い。そのため、結果として、ゴミのポイ捨てや交通渋滞、治安等に関して「観光客 vs 住民」という対立関係が顕在化しつつあり、近年は「オーバーツーリズム」といった課題も取り上げられるようになった。

また、観光を主産業としてきた地域では、コロナ禍により観光客が激減し、地域そのものが活力を失いつつあるところも出てきている。さらには、気候変動による影響への対応、新たな生活様式の構築も求められている。

私たちは、こうした地域の課題を解決する方法の一つとして、本書では「交流まちづくり」という概念を提案している。本書が、まちづくりの現場で活躍されている皆さんに役立ててもらえることを期待するとともに、建設コンサルタントという仕事にも興味を持っていただければ幸いである。

最後に、本書の出版に際して、私たちに暖かくご指導と助言をいただいた学芸出版社の宮本裕美さん、森國洋行さんに心よりのお礼を申し上げる。

2022 年 4 月

国土総合研究機構観光まちづくり研究会座長　上田裕之

[編者]
国土総合研究機構観光まちづくり研究会 （こくどそうごうけんきゅうきこうまちづくりけんきゅうかい）
株式会社建設技術研究所、日本工営株式会社、パシフィックコンサルタンツ株式会社の3社によって2000年12月に設立された組織。観光まちづくり研究会は2005年6月に設立。

[著者]
上田裕之 （うえだ・ゆうじ）
担当：1章、おわりに

1957年生まれ。東京工業大学工学部土木工学科卒業。日本工営株式会社入社後、河川部門、都市部門を経て、現在、人財・技術統括部技術戦略室に所属。

小野崎研郎 （おのざき・けんろう）
担当：2章1節・3節・5節

1961年生まれ。東京農工大学農学部環境保護学科卒業、同大学院農学研究科修士課程修了。パシフィックコンサルタンツ株式会社総合プロジェクト部環境デザイン室に所属。

猪股亮平 （いのまた・りょうへい）
担当：2章2節

1986年生まれ。室蘭工業大学大学院公共システム工学専攻博士前期課程修了。株式会社建設技術研究所入社後、都市部に配属。現在、都市部PFI・PPP室に所属。

荒ひかり （あら・ひかり）
担当：2章3節

1991年生まれ。青山学院大学総合文化政策学部総合文化政策学科卒業。パシフィックコンサルタンツ株式会社総合プロジェクト部環境デザイン室に所属。

谷彩音 （たに・あやね）
担当：2章4節

1984年生まれ。北海道大学農学部生物資源科学科卒業、同大学農学院環境資源学専攻修了。パシフィックコンサルタンツ株式会社にて、緑地計画、地域活性化等を担当。現在、九州社会イノベーション事業部に所属。

三上恒生 （みかみ・こうせい）
担当：3章1節、5章1節・3節・4節

1957年生まれ。慶應義塾大学経済学部卒業、国際基督教大学行政学博士前期課程修了。日本工営株式会社入社後、海外部門、本社部門、国内部門を歴任。現在、交通都市部に所属。

今場雅規 （こんば・まさのり）
担当：3章2節

1986年生まれ。東京大学教育学部総合教育科学科卒業、同大学院工学系研究科都市工学専攻修士課程修了。横浜市、株式会社首都圏総合計画研究所を経て、現在、日本工営株式会社交通都市部に所属。

林明希人 （はやし・あきひと）
担当：3章3節

1993年生まれ。東北大学大学院工学研究科都市・建築学専攻博士前期課程修了。日本工営株式会社入社後、現在、都市空間事業統括本部地域デザイン部に所属。

今泉ひかり （いまいずみ・ひかり）
担当：3章4節

1992年生まれ。千葉大学工学部都市環境システム学科卒業、同大学院工学研究科建築・都市科学専攻都市環境システムコース博士前期課程修了。株式会社建設技術研究所都市部に所属。

江花典彦 （えばな・のりひこ）
担当：4章1節・3節

1954年生まれ。東北大学工学部土木工学科卒業。株式会社建設技術研究所入社後、道路部門、都市部門を歴任。2021年退職。

奥川良介 （おくがわ・りょうすけ）
担当：4章2節

1973年生まれ。大阪芸術大学芸術学部環境計画学科卒業。株式会社空間創研を経て、現在、日本工営株式会社都市空間事業統括本部地域デザイン部に所属。大阪芸術大学建築学科非常勤講師。

岡村幸二（おかむら・こうじ）　　　　　　　　　　　　　　担当：4章4節、6章1節
1951年生まれ。東京工業大学工学部土木工学科卒業。株式会社建設技術研究所入社後、国土文化研究所主任研究員等を経て、東京本社都市部等に所属。都市計画、公園・緑地計画、景観分野全般を担当。

副田俊吾（そえだ・しゅんご）　　　　　　　　　　　　　　　　　　担当：5章2節
1963年生まれ。同志社大学工学部化学工学科卒業。ダイセル化学工業株式会社勤務を経て、筑波大学大学院環境科学研究科修了。日本工営株式会社入社後、廃棄物関連業務を担当し、現在、資源循環部に所属。

山田泰司（やまだ・やすし）　　　　　　　　　　　　担当：6章2節、7章1節・2節
1965年生まれ。千葉大学園芸学部環境緑地学科卒業、筑波大学大学院環境科学研究科修了。パシフィックコンサルタンツ株式会社DX事業推進部に所属。NPO法人「日本で最も美しい村」連合事務局長を経て、現在、資格審査委員。

植村真雄（うえむら・まさお）　　　　　　　　　　　　　　　　　　　担当：6章3節
1990年生まれ。東京電機大学大学院未来科学研究科建築学専攻修了。株式会社建設技術研究所入社後、国土交通省観光庁観光地域振興課への出向を経て、現在、東京本社都市部に所属。

中嶋紀世生（なかじま・きよみ）　　　　　　　　　　　　　　　　　　担当：7章3節
1980年生まれ。東北大学大学院経済学研究科修了。博士（経済学）。財団法人宮城県地域振興センター特別研究員を経て、宮城大学研究推進・地域未来共創センターコーディネーター。専門は地域計画・地域政策。

藤本穣彦（ふじもと・ときひこ）　　　　　　　　　　　　　　　　　　担当：7章4節
1984年生まれ。同志社大学大学院社会学研究科博士課程前期修了。工学博士（九州大学）。静岡大学農学部准教授を経て、明治大学政治経済学部准教授。専門は社会学、食料経済学、農村資源計画学。

交流まちづくり
サステイナブルな地域をつくる新しい観光

2022年5月1日　初版第1刷発行

編者　　　国土総合研究機構観光まちづくり研究会
著者　　　上田裕之・小野崎研郎・猪股亮平
　　　　　荒ひかり・谷彩音・三上恒生
　　　　　今場雅規・林明希人・今泉ひかり
　　　　　江花典彦・奥川良介・岡村幸二
　　　　　副田俊吾・山田泰司・植村真雄
　　　　　中嶋紀世生・藤本穣彦
発行所　　株式会社 学芸出版社
　　　　　〒600-8216　京都市下京区木津屋橋通西洞院東入
　　　　　電話 075-343-0811　E-mail info@gakugei-pub.jp
発行者　　井口夏実
編集　　　宮本裕美・森國洋行
装丁　　　北田雄一郎
DTP　　　梁川智子
印刷・製本　モリモト印刷

JCOPY　〈(社)出版者著作権管理機構委託出版物〉
本書の無断複写（電子化を含む）は著作権法上での例外を除き禁じられています。複写される場合は、そのつど事前に、(社)出版者著作権管理機構（電話 03-5244-5088、FAX 03-5244-5089、e-mail: info@jcopy.or.jp）の許諾を得てください。また本書を代行業者等の第三者に依頼してスキャンやデジタル化することは、たとえ個人や家庭内の利用でも著作権法違反です。

© 国土総合研究機構観光まちづくり研究会 2022
ISBN978-4-7615-2818-8　Printed in Japan

ゲストハウスがまちを変える
エリアの価値を高めるローカルビジネス
渡邊崇志・前田有佳利 著／宿場JAPAN 監修　　　　　四六判・288 頁・本体 2300 円＋税

まちに開かれた宿を営むことは、最高のローカルビジネスだ！ 品川で4軒の宿を営み全国で開業を支援する経営者と、200軒の宿を取材した編集者が語る、宿泊業でまちを面白くするノウハウ。多様な人が行き交い、まちの魅力を発信する場のつくり方、それを起点にした変化のプロセスとインパクトを解説。日本のゲストハウス史も収録。

オーバーツーリズム
観光に消費されないまちのつくり方
高坂晶子 著　　　　　四六判・272 頁・本体 2300 円＋税

観光客が集中し、混雑や騒音、地価高騰、地域資源の破壊といったダメージをもたらすオーバーツーリズム。国内外で発生している要因、実態、対策を多数の事例から解説し、ソーシャルメディアの影響や ICT・AI の活用など新しい動きも紹介。旅行者の満足度を高め、地域が観光の利益を実感できるまちのつくり方を探る。

ドイツのスポーツ都市
健康に暮らせるまちのつくり方
高松平藏 著　　　　　四六判・220 頁・本体 2500 円＋税

ドイツではスポーツが生活に密着し、街を動かすエンジンになっている。多彩な NPO がクラブを運営し、走りたくなる自転車道や歩道も完備され、集客イベントだけでなく、マラソン、サイクリングなど健康・余暇の運動も盛んで、地元企業の支援も厚い。スポーツ人口を増やし、健康に暮らせる街に変えた 10 万人の地方都市の実践。

神山進化論
人口減少を可能性に変えるまちづくり
神田誠司 著　　　　　四六判・256 頁・本体 2000 円＋税

徳島県神山町。人口 5300 人、志の高い移住者が集まる地方再生の先進地。町は今、基幹産業の活性化、移住者と地元住民の融合、行政と民間企業の連携、担い手の世代交代などの課題解決のため、農業、林業、建設業、教育の未来をつくるプロジェクトに取り組む。100 人以上のプレイヤーたちに取材した現在進行形のドキュメント。

エリアリノベーション
変化の構造とローカライズ
馬場正尊＋ Open A 編著／明石卓巳ほか 著　　　　　四六判・256 頁・本体 2200 円＋税

建物単体からエリア全体へ。この 10 年でリノベーションは進化した。計画的建築から工作的建築へ、変化する空間づくり。不動産、建築、グラフィック、メディアを横断するチームの登場。東京都神田・日本橋／岡山市問屋町／大阪市阿倍野・昭和町／尾道市／長野市善光寺門前／北九州市小倉・魚町で実践された、街を変える方法論。

CREATIVE LOCAL
エリアリノベーション海外編
馬場正尊・中江研・加藤優一 編著／中橋恵ほか 著　　　　　四六判・256 頁・本体 2200 円＋税

日本より先に人口減少・縮退したイタリア、ドイツ、イギリス、アメリカ、チリの地方都市を劇的に変えた、エリアリノベーション最前線。空き家・空き地のシェア、廃村の危機を救う観光、社会課題に挑む建築家、個人事業から始まる社会システムの変革など、衰退をポジティブに逆転するプレイヤーたちのクリエイティブな実践。

世界の空き家対策
公民連携による不動産活用とエリア再生

米山秀隆 編著／小林正典ほか 著　　　　　　　　四六判・208 頁・本体 2000 円＋税

日本に 820 万戸もある空き家。なぜ、海外では空き家が放置されないのか？　それは、空き家を放置しない政策、中古不動産の流通を促すしくみ、エリア再生と連動したリノベーション事業等が機能しているからだ。アメリカ、ドイツ、フランス、イギリス、韓国にみる、空き家を「負動産」にしない不動産活用＋エリア再生術。

アメリカの空き家対策とエリア再生
人口減少都市の公民連携

平修久 著　　　　　　　　　　　　　　　　　　四六判・288 頁・本体 2500 円＋税

アメリカは空き家対策の先進国だ。人口減少都市では大量に発生した空き家を、行政のシビアな措置、多様な民間組織の参画、資金源の確保等により、迅速に除却・再生し不動産市場に戻すしくみを構築している。空き家を負債にせず大胆に活用し、衰退エリアを再生するアメリカの戦略・手法を、日本への示唆を含めて具体的に解説。

イギリスとアメリカの公共空間マネジメント
公民連携の手法と事例

坂井文 著　　　　　　　　　　　　　　　　　　A5 判・236 頁・本体 2500 円＋税

イギリスとアメリカでは不況下に荒廃した公共空間を、民間活用、都市再生との連動により再生し、新たに創出してきた。その原動力となったのは、企業や市民、行政、中間支援組織など多様なステークホルダーが力を発揮できる公民連携だ。公共空間から都市を変えるしくみをいかに実装するか。ロンドン、ニューヨーク等の最前線。

ストリートデザイン・マネジメント
公共空間を活用する制度・組織・プロセス

出口敦・三浦詩乃・中野卓 編著／中村文彦ほか 著　　B5 判・176 頁・本体 2700 円＋税

都市再生の最前線で公共空間の活用が加速している。歩行者天国、オープンカフェ、屋台、パークレット等、ストリートを使いこなす手法も多様化。歩行者にひらく空間デザイン、公民連携の組織運営、社会実験〜本格実施のプロセス、制度のアップデート、エリアマネジメントの進化等、都市をイノベートする方法論を多数の事例から解説。

MaaS が都市を変える
移動×都市 DX の最前線

牧村和彦 著　　　　　　　　　　　　　　　　　A5 判・224 頁・本体 2300 円＋税

多様な移動を快適化する MaaS。その成功には、都市空間のアップデート、交通手段の連携、ビッグデータの活用が欠かせない。パンデミック以降、感染を防ぐ移動サービスのデジタル化、人間中心の街路再編によるグリーン・リカバリーが加速。世界で躍動する移動×都市 DX の最前線から、スマートシティの実装をデザインする。

デンマークのスマートシティ
データを活用した人間中心の都市づくり

中島健祐 著　　　　　　　　　　　　　　　　　四六判・288 頁・本体 2500 円＋税

税金が高くても幸福だと実感できる暮らしと持続可能な経済成長を実現するデンマーク。人々の活動が生みだすビッグデータは、デジタル技術と多様な主体のガバナンスにより活用され、社会を最適化し、暮らしをアップデートする。交通、エネルギー、金融、医療、福祉、教育等のイノベーションを実装する都市づくりの最前線。